A mi Shakti con toda mi gratitud, amor y devoción

CAPÍTULO I

*B*ajo los efectos del éxtasis la sensualidad se torna natural y despojada de tabúes. Dentro de este marco experiencial, nos sentimos liberados, en un estado de «existencia pura», nuestros centros sensoriales se expanden de tal forma que cualquier cosa está cargada de intrínseca belleza. La experiencia física deja de tener su marcado carácter biológico para tornarse en un trance espiritual, mientras los cuerpos se entrelazan en espiral alrededor del alma en un abrazo místico de connotaciones tántricas provocando la alquimia de los amantes. No obstante, Uno de los aspectos menos expuestos en lo que se refiere a la MDMA es el potencial sexual que esta sustancia ofrece.

> *«Hay un espectáculo mayor que el mar y es el cielo.*
> *Hay un espectáculo mayor que el cielo y es el interior del alma».*
> *Victor Hugo, «Fantine», Los miserables*

> *Lo que verdaderamente importa… no es el conjunto de objetos sólidos y estáticos que se extienden en el espacio sino la vida que se desarrolla en ese escenario. La realidad no es el escenario exterior sino la vida interna que la anima. La Realidad es las cosas tal como son.*
> *Wallace Stevens*

Quizá para una mente occidentalizada como la nuestra las cuestiones relacionadas con la sexualidad y las filosofías orientales sean difíciles de asimilar, terminologías simbólicas que contextualizan el *mundo de lo invisible e insondable*, que nos conectan con la Divinidad. Todo esto es provocado por nuestra tendencia mecanicista y newtoniano-cartesiana en la concepción de nuestra experiencia personal y nuestra cosmología. Esto deriva en una escasez de marcos referenciales que nos guíen a través de los diferentes planos de la conciencia, y más aún, cuando tratamos con un tema tabú como el que tenemos entre manos: el sexo entre los occidentales, sumidos por siglos de puritanismo y persecución de las prácticas pecaminosas.

Sin embargo, la observación de la *experiencia de la realidad* y la puesta en marcha de determinadas técnicas nos pueden llevar a replantearnos nuestra concepción de nosotros mismos y del Universo. Por ello, la pretensión de este libro no es otra que sentar unas bases que nos permitan llevar a cabo determinadas prácticas que nos ayuden a trascender el plano de lo físico a través de la expansión de la conciencia mediante técnicas sexuales de *yoga tántrico* aderezadas con *Metilendioximetanfetamina* o MDMA, más conocida como *éxtasis.*

Para ello, explicaremos como actúa la MDMA tanto física como mentalmente, detallando sus efectos y sus posibles complicaciones. Por otro lado, nos centraremos en los aspectos sexuales que los consumidores de esta sustancia experimentan mientras hacemos un repaso a la *filosofía del Tantra* y las similitudes entre el *yoga tántrico* y el sexo bajo los efectos de la MDMA. Al final, expondremos diferentes técnicas que nos permitirán poner en práctica esta teoría, esperando que esto nos permita a todos desarrollar con el tiempo nuevas técnicas basadas en el intercambio experiencial. Lo que sí tiene que quedar claro es que lo aquí descrito se debe contextualizar en un marco ritualizado y bajo unas condiciones que se deben aproximar a las expuestas para desarrollar el estado mental adecuado que nos conduzca a una experiencia de *fusión de los opuestos,* a una experiencia tántrica de inigualable belleza alquímica.

Tal vez, nos podamos preguntar si no es mejor llegar a este tipo de experiencias cumbre sin la ayuda de algún fármaco o droga, si no es mejor practicar Tantra ya que a su vez se obtiene una vida más saludable. Efectivamente esto podría ser así, quizá sería lo ideal, pero en sociedades como la nuestra, la práctica de disciplinas de este tipo nos lleva a la renuncia de determinadas cosas o apegos que en muchos casos no estamos dispuestos a asumir por la desestructuración que ello pueda causar. Así, sólo nos queda la alternativa de entregarnos a la Divinidad por unos instantes para luego volver a nuestra rutina, a nuestro mundo ordinario. Pero también debemos plantearnos que la MDMA tiene propiedades terapéuticas que pueden producir beneficios que se ven reflejados en la vida cotidiana si sabemos observar sus efectos sobre nuestra psique.

¿QUE ES LA MDMA?

Historia Y Química

La MDMA o *metilendioximetilfenetilamina,* más conocida como «*éxtasis*», es una molécula sintetizada por primera vez en 1912 por casualidad mientras se trabajaba en la síntesis de un fármaco llamado Hidrastinina. La MDMA es una sustancia de la familia de las feniletilaminas, emparentada con la nuez moscada o la mescalina. En 1914 la empresa farmacéutica Merk patenta la MDMA. Pero no es hasta la década de los 70 cuando Alexander Shulgin, un prometedor químico, la redescubre y, tras realizar múltiples autoensayos, la pone a disposición de un nutrido grupo de psicólogos, terapeutas y psiconautas. A partir de este momento la expansión de esta molécula ha ido ganando terreno en diferentes áreas y expresiones como la artística, la espiritual, la terapéutica o la sociológica. La mdma fue también utilizada por un número relativamente importante de psiquiatras y terapeutas para facilitar a los pacientes que estaban involucrados en un proceso de psicoterapia la exploración más profunda de las raíces emocionales de sus problemas manteniendo una actitud serena, en la que la ansiedad y el miedo a encontrarse con los aspectos irreconciliables de su personalidad se reducía sensiblemente o, simplemente, desaparecía, permitiéndolos avanzar sustancialmente en su proceso de «curación». Algunos pacientes entusiastas de este tratamiento llegaron a afirmar que la experiencia era como condensar los avances de cuatro años de psicoterapia en cuatro horas (Bouso, 2003).

La MDMA se presenta como una herramienta idónea para *buscadores*, para psiconautas que quieran explorar el campo de las emociones y de los limites transpersonales de su conciencia.

Efectos Psicológicos

¿Pero cómo actúa la MDMA? ¿Cómo se desarrollan sus efectos? ¿Qué hace a esta sustancia tan especial para muchas personas?

Una de las reacciones más conocidas que provoca el éxtasis es la empatía, que no es otra cosa que el proceso de sentir los sentimientos de otra persona como tuyos, de sentirte uno con el otro.

Según el doctor Fernando Caudevilla, uno de los más brillantes investigadores sobre drogas de síntesis de nuestro país, la empatía es un efecto «hacia fuera» o «hacia los demás», una característica del ser humano que le permite comprender los sentimientos y pensamientos de otras personas. Es la capacidad de «ponerse en el lugar del otro», de proyectarse dentro de la situación y condición de otras personas, facilitando la comprensión y la aceptación de la situación y condición de los demás.

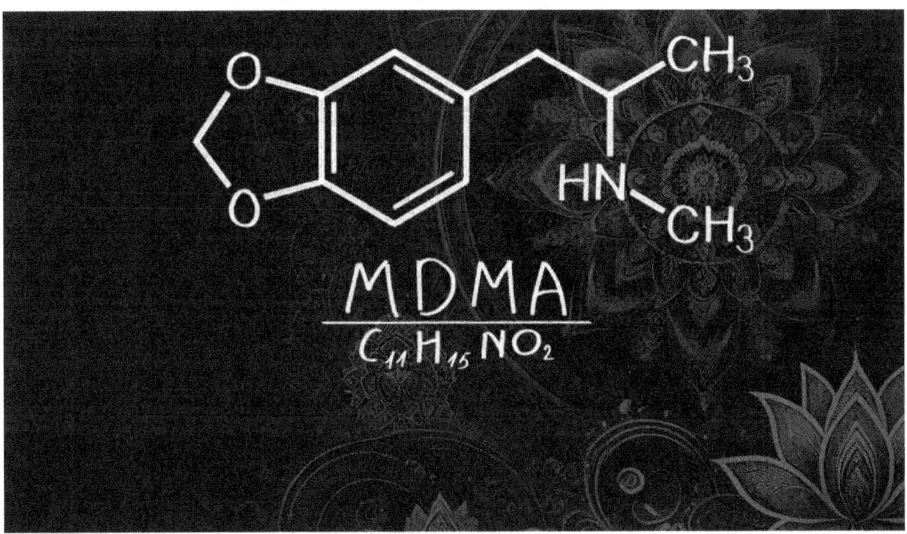

Si tuviéramos que elegir un aspecto de la mdma para diferenciarla de otras drogas, sin duda nos quedaríamos con su acción sobre el terreno de las emociones. «La experiencia más parecida es estar enamorado» (Saunders, 1993); «es como si estuviera viendo el mundo por primera vez: fresco, limpio y nuevo» (Eisner, 1995); «una autoimagen fortalecida, un sentimiento de mejora y fuerza en las capacidades» (Holland, 2001); «me siento totalmente lleno de paz» (Shulgin y Shulgin, 1991) ... En las descripciones de los principales autores que han escrito sobre los efectos de la mdma existe casi total unanimidad. Desde luego muchas otras drogas pueden producir reacciones de tipo emocional, pero estos efectos se presentan de forma mucho más constante, previsible y selectiva en el caso del éxtasis. La reacción emocional que induce la mdma se manifiesta, también de forma particular, en varias vertientes complementarias:

La mdma disuelve las barreras psicológicas que nos aíslan de los demás y facilita la comunicación y la exploración de las relaciones interpersonales. Bajo sus efectos es más sencillo expresar a los demás pensamientos y sentimientos así como comprender lo que los demás nos expresan (empatizar). El psicólogo Ralph Metzner acuñó el término «empatógeno» (que genera empatía) para definir el efecto de la mdma que facilita la percepción de los otros como especialmente cercanos, acompañando esta cercanía de una especial conexión afectiva. Esto no implica que la mdma sea un «suero de la verdad» o un «elixir del amor», ya que bajo sus efectos no se alteran ni el sentido de la identidad ni los procesos cognitivos y es sencillo mantener el control sobre los propios pensamientos, juicios y acciones.

Otra dimensión de los efectos de la mdma sobre las emociones está relacionada con la experiencia *intrapersonal*: lo que sucede en el mundo interior del individuo. De la misma forma que intensifica el contacto con los demás, la mdma facilita el contacto interior, abriendo la puerta a la introspección y la aceptación de uno mismo con sus virtudes y sus defectos. La persona se sitúa en el aquí y en el ahora, libre de miedos de tipo neurótico por las experiencias del pasado o la incertidumbre del futuro (Caudevilla, 2005).

Algunos consumidores describen los efectos de la MDMA como si contemplaras el mundo por primera vez. Uno se ve transportado a un estado de "amor elevado", de simpleza y belleza absolutos. El entorno se vuelve amable gracias al reflejo del estado mental del individuo que se transforma produciendo emociones claras y limpias. Las barreras se disuelven y las máscaras desaparecen al brotar la inocencia.

Otro efecto característico es lo que denominaremos «*retorno a la inocencia*», un regreso a las emociones inocentes, libres de prejuicios, que viene promovido interiormente por esa nueva visión pacífica del mundo que se sostiene sobre un sentimiento de seguridad y beatitud. Así, florece un elenco de nuevas emociones que se desarrollan sobre un campo expedito y libre de barreras. En diversas ocasiones he podido vivenciar este tipo de experiencias que nos devuelven a un campo íntimo y perenne al que se puede recurrir en casos de crisis emocionales o existenciales, pues este tipo de estados trascendentales nos muestran la base sobre la que se asientan todos nuestros procesos emocionales, provocando en muchos casos la restitución y la mejoría anímica de quién los experimenta.

A la mitad de la experiencia suele aparecer una especie de «estado de ensoñación» caracterizado por "raptos" momentáneos dónde se representan una serie de imágenes o situaciones similares a la de un «sueño consciente». Es un estado similar al visionario y suele presentarse cuando se produce algún tipo de relajación. En ocasiones podemos tener visiones coloreadas de tipo *fractálico* o recorrer ensortijados túneles que nos devuelven a espacios infinitos. Es un momento idóneo para realizar visualizaciones de profunda intensidad en las que he encontrado consistentes similitudes con la meditación *Vipassana* o con los diferentes estados de conciencia de las enseñanzas budista o Sufí. Normalmente este tipo de visiones o estados se producen con dosis altas a partir de 120 mg.

Cabe decir, sin embargo, que este tipo de efectos varían mucho dependiendo del contexto de consumo, pues no se desarrollarán de la misma manera en la consulta de un terapeuta, en un entorno ritualizado o en una macrofiesta. Por eso, en la experiencia con MDMA la sustancia no lo es todo, es aconsejable que tanto el *set* como el *setting* sean los adecuados.

El *set* hace referencia a factores propios del individuo, como su personalidad, su grado de educación, sus experiencias pasadas (incluyendo experiencias con drogas), su forma de ser, sus expectativas y sus motivaciones. El *setting* se refiere al contexto en el que tiene lugar la experiencia, tanto físico (el espacio concreto en el que se encuentre) como social (la representación y consideración de esa droga en la sociedad *que le rodea*) y emocional (el estado de ánimo colectivo) (Bouso, 2003).

Tanto sobre el *set* como el *setting* hablaremos más detenidamente en el capítulo donde expongo las técnicas, ya que, en nuestro caso, es de una relevancia crucial.

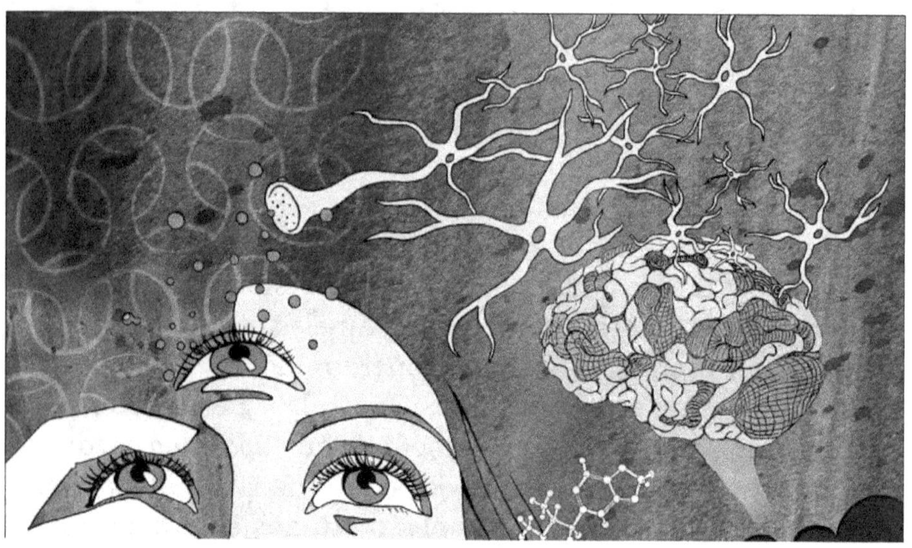

Efectos Físicos

La dosis activa oscila entre los 30 y 40 mg. Sin embargo, sus efectos se hacen patentes a partir de los 70 u 80 mg. Las dosis que emplearemos en nuestra experiencia oscilan entre los 100 y 120 mg. Los efectos suelen durar unas cuatro horas, aunque pueden prolongarse un par de horas más.

La MDMA produce una serie de efectos físicos que debemos tener en cuenta a la hora de su consumo. Entre los efectos principales podemos mencionar sudoración, elevación de la temperatura corporal, midriasis (dilatación de las pupilas), aumento del ritmo cardíaco, pérdida de apetito y otras de carácter neurotóxico, que en consumos esporádicos y nos sobrepasando dosis de 180 o 190 mg. por sesión no revisten importancia y suelen remitir a los pocos días.

En la fase inicial se suele presentar un efecto que podríamos denominar tipo «ola», ya que la MDMA se manifiesta de forma brusca en un periodo de entre 45 y 60 minutos desde su ingesta. Esto hace que algunos consumidores presenten malestar o cierto nerviosismo en esta fase puesto que se pasa de un *estado de conciencia ordinario* a uno *modificado* en cuestión de segundos. Para los usuarios avanzados este tipo de *punto álgido* suele ser placentero y deseado.

Los efectos físicos que más suelen llamar la atención son aquellos relacionados con los fenómenos visuales, como movimientos rápidos laterales, que nos producen saltos en la visión, disminución y alteración del espacio focal, causando en ocasiones lo que denominó «construcción sensorial interpretativa» proceso que se desarrolla en la psique cuando se intenta interpretar un objeto cuya apariencia ya no es la que originalmente tenía, lo cual provoca que nuestro cerebro en vez de quedarse sin datos "falsee" la información que a través del sentido de la vista obtiene, con material inconsciente. Este tipo de ilusión óptica se diferencia de las normales por la sutileza con la que podemos "modelar" a nuestro antojo la materia y reproducir determinadas formas. Es como cuando miramos a una nube un rato y aparece alguna forma que se asemeja a alguna cosa. Con MDMA este tipo de efectos psicológicos se producen con una frecuencia excepcional y suelen ser muy pronunciados cuando observamos las nubes o los árboles. Aunque con psicodélicos como el LSD, la psilocibina o el 2CB esta cualidad es más evidente. En todo caso, este fenómeno nos permite jugar con la interrelación entre *materia* y *conciencia*.

Posibles Riesgos Y Precauciones

El uso de MDMA conlleva riesgos asociados que debemos estimar sobre todo si padecemos algún tipo de enfermedad cardiovascular, hipertensión, problemas respiratorios o hepáticos. También debemos desestimar su uso en caso de padecer algún tipo de problema psicológico o psiquiátrico, ya que en estos casos sólo se debería tomar bajo la supervisión de un psicoterapeuta adecuado.

Entre las complicaciones de índole físico se encuentran las náuseas, vómitos, sudoración excesiva, salivación copiosa, deshidratación, dificultad para orinar.

También se puede producir tensión o rigidez tanto muscular como en la mandíbula. Para esta última es bueno tener algo blando a mano que morder.

La mayoría de los síntomas físicos adversos se pueden mitigar. Es conveniente beber agua o zumos con frecuencia para reponer líquidos y sales minerales. He comprobado que muchas veces las náuseas tienen un origen nervioso y se pueden evitar empleado la respiración abdominal o bien relajándonos.

Tampoco es conveniente someternos a ambientes excesivamente calurosos y es recomendable abrigarnos en caso de exponernos al frío intenso.

Es raro que se produzcan malas experiencias con el éxtasis, aunque un número minoritario de consumidores ha tenido algún tipo de síntoma adverso de carácter psicológico. En todo caso no suelen ser de carácter grave o no "manejable".

El Sexo

Hay quien piensa que las experiencias bajo el influjo de alguna sustancia psicoactiva carecen de valor o no son "reales". La sexóloga televisiva Lorena Berdún, ante la pregunta de una televidente acerca del sexo con MDMA contestaba "*...el sexo con éxtasis no es real, ya que al estar bajo los efectos de una droga lo que se siente no es real...*" Quizá ante esta afirmación, cabría decir que el sexo es en gran parte una experiencia psicológica y en menor medida física, y que la representación del mismo en la mente de un individuo es, evidentemente, de carácter subjetivo, por lo que hay que entender la experiencia con MDMA como una forma de sentir diferente cuya base es un estado modificado de conciencia.

El sexo bajo los efectos de la MDMA se vive de una manera totalmente diferente y única. La MDMA es un afrodisíaco no solo sexual sino sensual que despierta en nosotros un potencial difícilmente imaginable en estado ordinario. Aunque no todos los usuarios experimentan cualidades "tántricas" o de *éxtasis* en sus experiencias, casi todos sostienen la intensidad de las mismas. Muchos consumidores la consideran como un verdadero afrodisíaco.

Sanchez Dragó afirmaba en un reportaje de la revista Tiempo de Hoy:

> *«Es una droga suave, no alucinógena. Para mí es la droga de la felicidad romántica (...) Es una droga para tomar en pareja. Te entra un amor terrible hacia tu pareja, muy lírico, y en vez de darte besazos, te das besitos, [aunque] como el cuerno de rinoceronte no hay nada».*

Existen muchos otros referentes que atestiguan el potencial afrodisíaco de la MDMA, aunque la gran mayoría de los consumidores hacen hincapié en su potencial sensual.

Quisiera hacer una aclaración antes de seguir. Por un lado, me centraré en explicar en este apartado las relaciones heterosexuales, ya que dar debida cuenta de las relaciones de tipo homosexual complicaría la redacción del libro, sin embargo, en el apartado de técnicas me detengo a explicar tanto el coito anal como el sexo oral que pueden servir tanto para relaciones homosexuales como heterosexuales. Por otro lado, he intentado separar los efectos físicos de los subjetivos en la experiencia sexual con MDMA, pero aparte de ser una tarea titánica creo que es imposible, pues en este ámbito ambos se entremezclan, se separan, se diferencian y se funden. Es como si intentara describir el acto de caminar sin explicar que hay una superficie por la que se desplaza el sujeto. Sería entonces como describir a un monigote moviendo los pies en el aire.

Durante la experiencia, las percepciones físicas se acrecientan y todo alcanza un cariz sensual. Por lo general en los varones mantener una erección bajo los efectos del MDMA resulta dificultoso cuando no imposible, pero en un porcentaje menor de varones, la erección es más poderosa que en otras ocasiones incrementando notablemente tanto la dureza como el tamaño del pene. Actualmente no hay estudios fisiológicos sobre los mecanismos que favorecen este tipo de erecciones, aunque es posible que obedezcan a una precisa combinación de dopamina y serotonina en el cerebro provocado por el efecto de la MDMA. Por otro lado, las mujeres ven aumentado su libido y la lubricación de los genitales suele ser mayor. El espacio erógeno entre ambos se amplifica provocando sensuales sensaciones en puntos que antes no reaccionaban de igual manera a las caricias. El acto de acariciar y ser acariciado se pierde en el extenso universo de la piel donde los sentidos *son uno y son todo*. Los besos se vuelven húmedos y apasionados, y el tacto de la lengua se convierte en algo intensamente agradable. Ante este cúmulo de estímulos físicos que circunscriben la penetración, ésta se vuelve intensa concentrándose todos los estímulos en las zonas genitales de los amantes. Las sensaciones físicas, tanto en la mujer como en el hombre son extraordinariamente placenteras. En este estado la penetración se vuelve totalmente diferente intensificándose la estimulación tanto en el pene como en la vagina, así como en los demás puntos erógenos. La estimulación directa del clítoris a través del sexo oral en ocasiones es más intensa de lo que se puede soportar. Por lo general la penetración suele ser pausada, deteniéndose en los puntos que más placer suscitan, quizá provocado por la sensación de «continuo presente», ya que la *atemporalidad*, la sensación de que no discurre el tiempo es una característica de este tipo de experiencias, además de que la estimulación en sí carece del sentido que normalmente tiene.

Tanto en hombres como en mujeres llegar al orgasmo resulta difícil, aunque en ambos casos si se produce suele ser indescriptiblemente intenso. De todas formas, tanto en el caso del hombre como en el de la mujer el orgasmo deja de tener sentido, ya que lo que en realidad importa en esos momentos es el "ahora", el disfrute y el gozo de la unión de los cuerpos. Esto, llegados a un punto, trasciende el plano físico y hace que la experiencia pierda su carácter biológico[1] lo que nos lleva a trasladarnos al plano de la Conciencia y por ende a la exposición de la experiencia transpersonal de los amantes.

La desinhibición producida y la estimulación de los sentidos a través de su cariz sensual los libera proporcionando experiencias sexuales que sólo los practicantes de *yoga tántrico* logran alcanzar. En estos momentos el contacto físico a través de las caricias, la penetración o una simple mirada pueden convertirse en el epicentro de una experiencia sexual de total fusión.

Con las condiciones adecuadas es posible "convocar" la fusión de las almas y los cuerpos mediante el acto amoroso, sintiendo no sólo las sensaciones físicas y psíquicas propias sino también las desplegadas por la pareja en un intercambio recíproco de goce y energía.

En este tipo de conexiones transpersonales se sabe conscientemente que el otro también ha establecido el mismo tipo de comunicación, algo que se puede corroborar a *posteriori*. Una vez se sumerge uno en este estado de trance, donde se deja de tener sensación corporal, es posible que surjan visiones recurrentes que produzcan un estado visionario de «fusión» o de «éxtasis oceánico».

EL TANTRA

Analizando las experiencias sobre el sexo relatadas por los consumidores y los autoensayos con MDMA y en especial las experiencias que relatan sentimientos de fusión o de carácter místico, encontramos un parentesco con las vivencias descritas por los practicantes de una de las filosofías orientales más conocidas, el Tantra.

¿Qué Es El Tantra?

Alrededor del siglo IV DC, el *Shivaismo* canaliza a través de la filosofía del yoga tántrico una serie de técnicas o pautas tanto físicas como mentales que sus seguidores, llamados *tantrik*, emplean con disciplina para alcanzar el estado fusión con lo Divino a través de la práctica sexual. El Tantrismo es una de las tres ramas más importantes del hinduismo y existen diversas escuelas tántricas como la de la *Vía Triple*, la Escuela *Kula*, la Escuela *Krama* y la Escuela *Pratyabhijña* que se encargan de mantener viva esta filosofía cuyo origen se remonta hasta hace unos veinte mil años.

Shiva es el máximo exponente, es la divinidad, el Todo, que se funde con *Shakti*, su diosa, su opuesto. Shakti es creación, cambio y Shiva es perceptividad y conciencia. Es en esta fusión de los opuestos: lo masculino con lo femenino, el *Yin y Yan* en el *Tao*, en la que se basa toda una filosofía religiosa que ha perdurado a lo largo de los siglos y que cuenta con numerosos seguidores. Trascender el yo físico y despertar el *Kundalini, la energía vital del Universo* representan los objetivos primordiales de esta filosofía que engloba un pensamiento holístico basado en la idea de que el Mundo es una manifestación de lo Divino y como tal el *samsara* (el mundo de la ilusión) es igual o una expresión del *nirvana* (la Divinidad). El Tantra celebra la divinidad en todos los seres y de todos los seres y cosas. La manifestación de lo Divino a través de la iluminación.

Desde el punto de vista del hinduismo y del budismo tántrico, kundalini es la energía creativa del Universo que, según se dice, dormita aletargada en la base de la espina dorsal y puede ser activada mediante la práctica espiritual, el contacto con un maestro o ciertas situaciones espontáneas. Cuando kundalini despierta se convierte en una energía activa, o shakti, que asciende a través de ciertos conductos sutiles (*nadis*) y va abriendo y activando, a su paso, los siete centros psíquicos del cuerpo sutil (chakras) que se hallan ubicados desde la base de la espina dorsal hasta la coronilla (S. Grof 1992).

En la visión del Tantra, Dios El-Ella, el Todo no manifestado, se manifiesta a sí mismo creando el universo a través de la danza de lo masculino y lo femenino, Shiva y Shakti. A ese poder de manifestación es lo que el Tantra denomina Shakti-Kundalini. El poder ligado a la materia, a la Madre Tierra. El tantrik, traslada esta fórmula alquímica a su persona canalizando la energía *Kundalini-Shakti* entre la madre Tierra y el Cielo, mientras representa la eterna Danza Cósmica que le transforma y revela la Divinidad.

Sin embargo, la experiencia de fusión, de unión con el otro no es un atributo exclusivo de las filosofías orientales como el *Tantrismo*. Este tipo de experiencias son estudiadas en occidente por la psicología transpersonal. *Stanislav Grof*, un prestigioso psiquiatra que ha consagrado su vida y esfuerzo al estudio de la conciencia, considerado como uno de los padres de la psicología transpersonal, cuyo material de campo se basa en la autoexperimentacion y en miles de ensayos con LSD y más tarde con la *Respiración Holotrópica* en voluntarios, nos explica de esta manera las experiencias de unidad o fusión:

"Quizás la experiencia transpersonal más familiar sea la que afecta a nuestra relación con las personas más próximas. Así, por ejemplo, cuando hacemos el amor, o cuando compartimos un momento de éxtasis con los demás, la demarcación habitual entre *tu y yo* parece desvanecerse. Entonces comprendemos súbitamente que nuestra conciencia es completamente independiente de nuestro cuerpo. Las dos conciencias se entremezclan y terminan fundiéndose desafiando las fronteras físicas que normalmente consideramos inamovibles. Esta experiencia también puede ir acompañada de la unión con la fuente creativa de la que procedemos o de la que formamos parte.

Podríamos denominar a este tipo de conexión transpersonal con otra persona como «*unidad dual*». Se trata de experiencia que puede ocurrir durante la práctica de ciertas disciplinas espirituales –especialmente el yoga tántrico- o durante períodos de gran conmoción emocional –como una alegría extraordinaria, la muerte de un ser querido, el nacimiento de un niño o la ingesta de sustancias psicoactivas, por ejemplo-. Las experiencias de unidad dual –en las que tenemos la sensación de fundirnos completamente con otra persona manteniendo, sin embargo, nuestra propia identidad- son también frecuentes entre la madre y el bebé durante el embarazo y la lactancia (...)" (S. Grof 1992).

Reconocida y descrita en todo nuestro planeta por los textos sagrados de las grandes religiones, por los escritos de los místicos o por la literatura, la fusión con el otro es uno de los vehículos más "fáciles" para trascender nuestra conciencia y sobrepasar las lindes de nuestro cuerpo, haciendo desaparecer las fronteras individuales. La conciencia en estos casos se revela como parte finita de un todo infinito.

Este tipo de experiencias transpersonales suelen ir acompañadas de una comprensión profunda del papel que desempeñan las fuerzas primordiales de la naturaleza, una toma de conciencia de las leyes primordiales que gobiernan nuestra vida y una valoración de la extraordinaria inteligencia que sustenta todos los procesos vitales... A medida que penetramos en el dominio de lo transpersonal experimentamos la disolución de los límites temporales en los que se asienta nuestra existencia cotidiana (S. Grof, 1992).

En este tipo de estado, surgen las experiencias de tipo embrionario que nos sitúan en un plano de la conciencia denominado «éxtasis oceánico» caracterizadas por una sensación de poderosa fusión mística con la vida y el impulso cósmico creativo que la alienta (S. Grof, 1992). Este tipo de experiencias se producen en estados intrauterinos de nuestra existencia y se pueden revivir en estados no ordinarios de conciencia.

En la siguiente parte de este libro expondremos las similitudes entre el yoga tántrico y el sexo bajo los efectos de la MDMA además de una serie de técnicas sexuales y ritos que incluirán tanto el cuidado del *set* como el del *setting*.

CAPÍTULO II

Buscando intensamente mi propio Ser, me agotaba:
nadie ha llegado así al conocimiento escondido.
Al fin, en Él me absorbí,
y la bodega del néctar alcancé.
Ahí donde se encuentran tantas jarras llenas…
pero nadie bebiéndolas.

Lalleshvari, poetisa mística del siglo XIV, encuadrada en la tradición del shivaismo tántrico de Cachemira

Similitudes entre el yoga tántrico y el sexo con MDMA

Tras haber expuesto en la primera parte de este libro las experiencias de *unidad dual* que se producen bajo la práctica sexual con MDMA y que dan lugar a una experiencia cumbre de tipo oceánico, y haber hecho, además, una breve introducción al Tantra, vamos a explicar algunas similitudes tanto físicas como psíquicas de estos dos tipos de experiencias.

El *tantrik*, o practicante de tantra, tiene que realizar una serie de ejercicios y rituales que ponen a prueba su aguante y disciplina. Es importante una preparación tanto física como mental que llevará al sujeto a la experiencia cumbre. Para llegar a ella, el *tantrik* debe seguir ciertos rituales relacionados con el cuidado de su cuerpo, el seguimiento de una dieta estricta, etc. Por otro lado, debe también extremar el cuidado emocional-espiritual a través de prácticas como la meditación, el ayuno y el seguimiento de diversas técnicas de contemplación y *mantras*. Existen técnicas que tiene que realizar para fortalecer los músculos del pene o *lingam* y también los encargados de abrir y cerrar el paso seminal. En el caso de la mujer también debe hacer ejercicios de fortalecimiento de los músculos de la vagina o *yoni* implicados en las funciones sexuales. Ambos deben dominar técnicas respiratorias que les permitan entrar en diferentes estados de consciencia y modificar determinadas funciones biológicas.

El arte supremo para un *Shiva tántrico* consiste en permanecer indefinidamente en el punto límite, el que da acceso al «paraíso sexual cerebral» y el verdadero orgasmo masculino. Esto permite pasar de lo puramente genital a lo sexual, y luego a lo espiritual. El *tantrik* debe aprender a canalizar y manejar la energía sexual. Ésta se transforma y almacena de manera natural en los cuerpos de la mujer y el hombre cuando éstos hacen el amor conjunta y armoniosamente. La energía sexual transformada es fuente de inspiración e introspección.

Existen una serie de factores clave que hacen que el periodo de tiempo en el que los efectos de la MDMA tienen lugar en nuestro organismo sea realmente propicio para practicar el sexo tántrico. En primer lugar, el fortalecimiento de las funciones genitales que el *tantrik* debe realizar es sustituido por la predisposición del varón bajo el efecto del éxtasis a tener erecciones sustancialmente más poderosas de lo normal (en bastantes casos). En segundo lugar, la inhibición del orgasmo para ambos miembros de la pareja que provoca el efecto de la MDMA sirve para mantener el estado previo al orgasmo durante un tiempo extremadamente largo. En tercer lugar, experimentamos un estado mental ideal caracterizado por la simpleza y la absoluta disposición a la entrega, actitud principal en el practicante de tantra. En cuarto lugar, en nuestras mentes se produce un salto directo de lo genital a lo espiritual que desarrolla en nosotros la capacidad de transcendencia. Por último, nuestra sensibilidad y capacidad de introspección también se ven acrecentadas. Las experiencias de «*unidad dual*» se establecen en el marco de lo transpersonal, provocando el éxtasis de los amantes y la transformación alquímica de la consciencia.

A continuación, voy a describir un marco en el que desarrollar la experiencia, poniendo énfasis en la preparación previa (el set y el setting) y desarrollando en la medida de lo posible su evolución y sentido. En último término repasaré otros factores a tener en cuenta, como el día después, las mezclas con otras drogas y otras consideraciones.

Quiero dejar claro que lo aquí expuesto es un estudio empírico experiencial basado en seis años de investigación con esta sustancia y en el análisis de las experiencias de otras personas que las quisieron compartir conmigo. No es un trabajo científico ni pretende serlo ya que ante una sustancia ilegal como es la MDMA este tipo de estudios están vetados. Sin embargo, la intuición y experiencia de miles de usuarios atestiguan y atesoran este tipo de efectos de carácter *sensual-sexual-transpersonal.*

Las pautas y detalles que expondré corresponden a determinados patrones comunes que favorecen la experiencia pero que deberían adaptarse a la preferencia de cada usuario, sobre todo en lo referente a los factores ambientales como el entorno, la música, etc. Por supuesto, este tipo de experiencias se pueden producir de forma espontánea sin necesidad de elaborar tanto el marco experiencial.

Preparación Previa

Como acabamos de ver, gracias a la MDMA conseguiremos tanto el estado físico como el mental para poder establecer una unión sexual de connotaciones tántricas. Pero esto no quiere decir que todas las personas puedan mantener relaciones de este tipo o que alcancen los niveles de unión o éxtasis que hemos desarrollado en la parte primera de este libro. Existen muchos factores que están implicados en este tipo de experiencias y cada uno de ellos puede ser un factor clave para su llegada a buen puerto, desde los físico-emocionales hasta los ambientales: El cansancio físico, algún tipo de enfermedad o deficiencia, estrés, depresión, problemas psíquicos, problemas vitales espinosos, una mala predisposición, un exceso de expectativas, un ambiente o entorno inadecuados pueden interferir en un proceso que, aunque debe ser relativamente sencillo, se interrelaciona complejamente con este tipo de factores.

A su vez, también tenemos que tener en cuenta que el efecto de la MDMA a pesar de su carácter erótico-sensual, dificulta en un porcentaje elevado de varones la erección, por lo que, en consecuencia, la experiencia puede resultar menos satisfactoria. Además, tenemos que tener en cuenta la edad, el peso y, en definitiva, que el efecto de esta sustancia no siempre es el mismo. Por último, debe abstenerse de tomar MDMA cualquier persona que sufra algún tipo de desorden psíquico o alguna de las enfermedades expuestas en el apartado anterior.

Por otro lado, debemos considerar que la MDMA crea tolerancia, por lo que los efectos irán disminuyendo a medida que nuestro consumo sea más frecuente. Tomar MDMA una vez al mes como máximo no produce daños neurológicos según algunos estudios, aunque tomando la sustancia con esta frecuencia nos encontraremos posiblemente con el fenómeno de *"pérdida de magia"* cuya consecuencia no es otra que la perdida de los efectos más placenteros y beneficiosos de la sustancia. Para intentar no desarrollar este tipo de efectos es aconsejable no abusar del consumo de la MDMA y distanciar las tomas entre tres y cuatro meses.

El Set y el Setting

Como todo ritual de carácter espiritual e íntimo los preliminares deben ser cuidadosamente preparados con el fin de propiciar el marco idóneo dentro del cual desarrollar nuestra experiencia. Entendemos que entra dentro de este concepto tanto la preparación física como la psíquica (*set*) así como los factores ambientales o del entorno (*setting*). Esta descripción puede servir para tener una sesión con MDMA, aunque no esté orientada a mantener relaciones sexuales.

El Set (Mente)

La primera premisa, quizá la más básica y paradójica, a la hora de consumir MDMA es no buscar un fin, una meta que alcanzar. Si no nos apeteciera mantener relaciones sexuales en nuestra experiencia, es mejor dejarlo pasar y seguir disfrutando de la misma. Tal vez más adelante surja el apetito. El exceso de expectativas nubla la vivencia, el ansia de alcanzar un estado oceánico o místico se queda sólo en eso, en ansia. En este tipo de experiencias transpersonales, tanto con MDMA como con psicodélicos, hay que dejarse llevar, no marcar un rumbo que nos distraiga en el viaje. Las cosas suceden por si solas cuando nuestro intelecto o intelectualización no interfiere en la experiencia. En la práctica del *za zen* el silencio interior es la fuente que nos eleva al *Samadhi*, a la *consciencia pura*. El practicante zen abandona sus pensamientos sin detenerse en ellos y no ejecuta acción ante ellos, dejándolos marchar. Esta es una forma básica, aunque difícil de conseguir el silencio interior con el fin de *"dejarnos ir"* en las fases más avanzadas experiencia tántrica con MDMA.

Por otro lado, debemos ser observantes con nuestra actitud mental. Sería aconsejable que nuestro nivel de estrés fuera bajo los días anteriores. También debemos evitar este tipo de experiencias en caso de estar deprimidos o sentirnos inestables emocionalmente. Durante las horas previas es recomendable realizar actividades tranquilas, relajantes o de tipo contemplativo, tales como pasear, meditar, dibujar, etc. Si se suele practicar alguna actividad como *yoga*, *tai-chi*, *chi-kung* u otra disciplina, podríamos dedicar un poco de nuestro tiempo a la misma.

Cuerpo

Muchas filosofías y religiones consideran al cuerpo humano como el *Templo Sagrado* con el que conectamos con la divinidad. Todas las funciones vitales están relacionadas las unas con las otras lo que produce que un órgano dañado o enfermo dificulte otros procesos relacionados con nuestra capacidad intelectual, mental, física y, por consiguiente, nuestro cuerpo energético vea mermada su capacidad. Es importante no estar cansados y encontrarnos en general físicamente relajados durante las horas previas a la toma.

Respecto a la alimentación debemos respetar el no ingerir alimentos al menos dos horas antes de comenzar nuestra experiencia, aunque lo ideal serían unas cuatro horas. La alimentación de ese día debe ser cuidada, debemos desayunar bien por la mañana, comer al mediodía alimentos que favorezcan una digestión ligera (evitar las carnes, el picante u otros alimentos que conlleven una digestión pesada y lenta) tales como verduras, pescado y fruta. Si es necesario, se puede comer durante las primeras horas de la tarde, pero siempre algún alimento ligero.

La higiene corporal también es importante, por lo que no estaría mal dedicar nuestro tiempo previo a darnos un baño relajante en compañía de nuestra pareja y llevar a cabo un ritual mutuo de limpieza eliminando impurezas y preparando la fachada del "Templo" para los acontecimientos venideros.

El Setting (Ambiente)

Sería bueno elegir el día de la sesión con antelación con el fin de adoptar las medidas necesarias que nos permitan favorecer la experiencia. También es recomendable llegar a un acuerdo mutuo dentro de la pareja en la elección del día sin forzar la situación.

Considero que la mejor hora para el comienzo de la sesión con MDMA es entre una hora y una hora y media antes del crepúsculo. Comenzar a estas horas favorece que podamos irnos a dormir relativamente pronto, y así no interrumpir el ciclo vital del sueño lo cual favorece los niveles posteriores del neurotransmisor serotonina. Además, de esta forma, habrán pasado las suficientes horas desde la última comida. Por otro lado, el crepúsculo es uno de los espectáculos naturales más bellos, sobre todo si lo observamos desde la arena de una playa o en el campo, por lo que una puesta de sol estando en la primera meseta de los efectos de la sustancia puede ser inolvidable. Ver como el sol cede paso a la noche con su manto de estrellas nos hace sentir seres ínfimos ante tan descomunal Universo, una lección de belleza y humildad.

Como ya he mencionado en la primera parte de este libro, la MDMA produce modificaciones en la forma de percibir el entorno, de tal forma que nuestros sentidos se encuentran amplificados bajo el prisma de la belleza. Así, cualquier estímulo externo hará que la experiencia sea más placentera produciendo frecuentemente una *sinestesia sensorial,* sentir con un sentido algo que se percibe con otro, por ejemplo "oír" un color o "ver" un sonido.

Por lo tanto, la naturaleza es el marco idóneo para comenzar la experiencia, y, aunque no todos tenemos esta oportunidad a menudo, sería bueno plantearse este tipo de sesiones cuando podamos disfrutar de unas vacaciones en la playa o en un medio rural.

Debemos buscar un sitio agradable para la fase sexual de la sesión. Decorar la estancia que vayamos a utilizar con velas, cojines, flores, incienso y otros elementos que nos permitan ritualizar el entorno. Un sitio frente a una chimenea o con vistas excepcionales sería perfecto. El uso de esencias e inciensos estimularán notablemente el sentido del olfato.

La música va a jugar un papel fundamental en la preparación del *setting* aportando en muchos momentos el toque "mágico" a la experiencia. La música nos va a ayudar mucho si sabemos seleccionarla. En la fase de ensoñación nos ayuda a visualizar a través de los paisajes y escenarios mentales como si de una danza cósmica se tratara. Es importante dejarla preparada antes de la sesión escogiendo música suficiente para unas seis o siete horas. Debe ser tranquila, tipo *ambient* o *chillout*, y acorde a nuestros gustos y preferencias. La música árabe, oriental o étnica puede inspirar nuestro estado de Ser. En la fase sexual es importante saber escoger bien la música, pues, aunque para las primeras fases la música puede ser animada, a partir de esta fase deberíamos seleccionar algo de carácter más sensual y lento. La música de percusiones lentas suele dar muy buen resultado. Aunque las preferencias musicales varían mucho de una persona a otra al final de este libro hago una selección de temas y discos que pueden ser de gran inspiración.

La iluminación y la luz son muy importantes. Sería bueno buscar velas y luces de poca intensidad e intentar que todo tenga un carácter muy decorativo y que la iluminación consiga varios contrastes dentro de la estancia. Según los practicantes de tantra la luz violácea debe predominar en el ambiente.

Como parte del ambiente o setting quiero incluir también los objetos o cosas que vayamos a necesitar durante la experiencia. Es fundamental que tengamos las dosis preparadas, pues estando bajo los efectos de la MDMA podemos errar en la administración de las mismas y es mejor no distraer nuestra atención en este tipo de cuestiones tan delicadas. También es conveniente tener a mano otras sustancias si las fuéramos a consumir. Es aconsejable tener mantas cerca, ya que podemos llegar a necesitarlas y algunos *trip toys* (juguetes de los que hablaré más abajo) si pensamos utilizarlos. No debemos olvidar tener agua abundante, zumos y fruta si apetece. Es altamente recomendable usar gel o crema lubricante ya que intensifica la sensibilidad genital y protege de posibles molestias posteriores, así como aceite para dar masajes. Un buen aceite es el de almendras amargas con esencia de romero, ya que su olor es muy estimulante.

LA EXPERIENCIA

Hemos llegado a la parte primordial del libro. Aquí voy a explicar como se desarrollan los efectos de la MDMA y como podemos "manejarlos" para aprovecharlos mejor en busca de nuestra experiencia tántrica. Los tiempos de la sesión que pongo a modo de ejemplo y sus etapas, que obedecen a factores comunes, están descritos claramente en la gráfica que acompaña a estas líneas. El *estado mesetario* de la experiencia, dónde se desarrollan los efectos más interesantes, queda definido entre los niveles 4 y 5 de la gráfica. La fase sexual dará comienzo alrededor de la segunda hora y la experiencia total durará aproximadamente 7 u 8 horas, aunque esto dependerá de cada persona.

A continuación, describiré la experiencia completa introduciendo algunos ejemplos de técnicas y posturas tántricas que por supuesto no son los únicos que existen pero que he elegido por su relativa sencillez y las posibilidades que ofrecen.

La Dosis

Para esta sesión experimental realizaremos una toma, en el caso de las mujeres, de entre 80-100 mg o si se es hombre entre 100 y 120 mg. de MDMA. Con dos tomas más o refuerzos de 40-60 y 30-50 mg. respectivamente. Aunque evidentemente estas dosis son orientativas y no debemos sobrepasar los 200-220 mg por sesión. Tampoco se deben tomar los refuerzos si no apeteciera.

Entiendo la problemática que conlleva medir o administrar con precisión dosis de tan pocos miligramos por la dificultad para encontrar MDMA en polvo o cristal con un alto grado de pureza y, también, el medir con exactitud dichas dosis sin disponer de una balanza de precisión. Pero en vuestro ingenio dejo el encontrar la solución a este tema porque cada uno dispone de sus propios recursos.

La Sesión

El punto cero de nuestra experiencia es el momento de la ingestión de la dosis inicial de MDMA. El componente ritual del inicio de la sesión debe ser respetado, compartiendo la pareja este instante en un acto reciproco de amor e intercambio. Los *tantriks* beben de sendas copas de vino antes de comenzar la práctica.

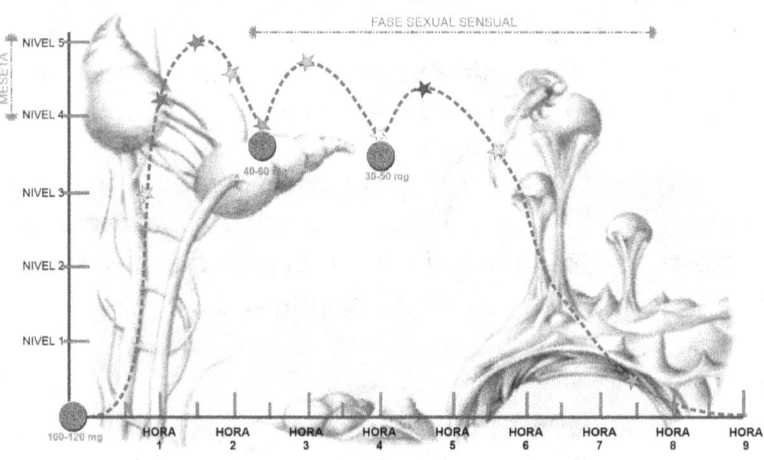

A los 45 minutos comienzan los primeros efectos físicos: Leves distorsiones visuales, sensaciones estomacales, salivación,...

Sobre la hora podemos sentir durante unos minutos el "efecto ola" que de manera brusca modifica nuestro estado de conciencia. Explosión de sentimientos, emociones, éxtasis...Introversión

A la hora y media se alcanza el pico más alto de este estado mesetario y disminuye la explosión inicial.

Disminución de los efectos. Fase empática, entactógena, "mimosista, sensual, erótica"...Extroversión

Toma primer refuerzo de entre 40-60mg. Han disminuido considerablemente los efectos.

Fase de subida y meseta similar a la primera pero con menor intensidad. Ensoñaciones, visualizaciones,...

Toma segundo refuerzo de entre 30-50mg. Tras disminuir los efectos.

Última subida de carácter leve pero con efecto residual. Visiones, ensoñaciones

Disminución paulatina de los efectos.

Cansancio físico, relajacición...sueño

Durante los primeros minutos hasta que los síntomas se manifiesten y para no estar a la expectativa de los efectos -lo cual a veces puede inquietarnos- lo mejor es dar un paseo, contemplar la puesta de sol, meditar, charlar, besarse… Cualquier cosa que nos relaje y nos guste. Deberán transcurrir de 30 a 45 minutos o una hora hasta que notemos los primeros efectos físicos que suelen ser de carácter leve: salivación o sequedad bucal, ligera midriasis (dilatación de las pupilas) o sensaciones estomacales. Es normal que en la pareja siempre uno manifieste estos síntomas antes que el otro.

Trascurrida una hora aproximadamente aparece el *"efecto ola"*, así denominado por la brusca intensidad que cobra el efecto de la sustancia presentándose de repente y desplazando nuestro estado de consciencia ordinario que se ve reemplazado por un estado luminoso de consciencia caracterizado por una explosión emocional interna que dirige nuestra atención hacia este acontecimiento, produciendo por lo general un estado de introversión que es mejor disfrutar y explorar. A algunas personas el *efecto ola* a veces les provoca algún tipo de ansiedad o nerviosismo. A otros usuarios les parece un estado similar al del orgasmo. Durante la explosión es aconsejable *"dejarla ser"*, sentirla de una forma relajada y personal. Lo cierto es que su efecto sólo dura unos pocos minutos y de esta manera nos deposita en el estado mesetario.

Una vez pasado el efecto ola, la explosión se dirige hacia el exterior en un arranque emocional de belleza, beatitud e inocencia, impregnado por una sensación de gratitud, serenidad y paz. Estos sentimientos son acompañados por una ilimitada empatía y comprensión y una disolución de las barreras *egoicas*, lo que da paso a una etapa de extroversión. Poco a poco iremos llegando al estado cumbre de esta *fase mesetaria* que sucede alrededor de la hora y media desde la ingestión. Durante este periodo se puede producir un estado de exploración y experimentación de los efectos de carácter introvertido y también pequeños raptos ensoñatorios, aunque es más frecuente una exteriorización de la experiencia que hace que queramos compartir con la pareja este estado emocional. Debemos entender que es importante experimentar las fases de introversión porque son accesos íntimos que nos permiten saber y explorar sobre nosotros mismos, algo que denomino *cognimiscencia*.

A veces puede ocurrir que la introversión no sea positiva y que produzca cierto malestar o "ralladura". Si nuestro estado mental o circunstancias vitales no son favorables para la introspección, es conveniente realizar alguna actividad que distraiga nuestra atención. Los *triptoys* o juguetes para el viaje son de mucha utilidad, aunque quizá lo que mejor resultado tiene es realizar alguna actividad como pintar o modelar con plastilina o barro. Normalmente resulta muy divertido experimentar con las formas en este estado. También sentir los músculos mientras se estiran, bailar o realizar cualquier tipo de expresión corporal resulta muy beneficioso y divertido.

Sobre las dos horas o dos horas y media, se comienza a notar la disminución de los efectos y entramos en una fase de carácter netamente extrovertida: es ahora cuando brotan los primeros destellos de sensualidad. Seguramente ya habremos empezado con el contacto físico con nuestra pareja, abrazos, besos caricias…

A esta fase también se le conoce por sus efectos *"mimosistas"*. El contacto físico se vuelve interesante y placentero. Las miradas y el contacto visual entre los amantes se tornan profundos. Es importante este contacto, acariciar y ser acariciado. Cubrir con besos cada centímetro de piel y ser cubierto. Besar abre las puertas a las sensaciones, a las visiones, al éxtasis resumido en el amor e inmensidad de un beso. La sensualidad hace que Shiva y *Shakti* den rienda suelta al apetito sexual. Normalmente en esta fase comenzamos a notar el carácter atemporal de la experiencia y nuestra dificultad para valorar este concepto tan subjetivo que es el *tiempo*. La atmósfera que suele envolver todo es de relajación, profundo bienestar físico y emocional, paz, sensualidad, espiritualidad, amor, entrega...

Al cabo de las dos horas y media o tres horas, cuando hemos notado una disminución considerable de los efectos y estamos bajo el manto sensual-sexual, aunque sin haber empezado aún el acto tántrico en si, puede ser interesante introducir la toma del primer refuerzo. La experiencia o fase sexual se extenderá a lo largo de entre 4 a 7 horas, aunque esto dependerá mucho de cómo se desarrolle la sesión. Lo que sí es aconsejable es hacer pequeñas pausas cuando lo consideremos oportuno para beber agua o zumos, experimentar los efectos de la MDMA, fumar cannabis o simplemente hacer un descanso.

Es conveniente dedicar un momento antes de la experiencia a realizar ejercicios de respiración abdominal intentando ser conscientes de todo el proceso. La respiración durante la unión sexual debe ser tranquila y pausada, ya que ello nos conducirá a disminuir los efectos anfetamínicos de la MDMA gracias al control consciente de la misma. La respiración y los estados modificados de consciencia están íntimamente ligados, tal y como podemos constatar en diferentes filosofías místicas como el sufismo, el budismo, etc, dónde el control de la respiración se establece como parte primordial para el "acceso al alma". La respiración es un vehículo inductor de diversos estados modificados de consciencia, desde en la práctica del *za zen* hasta en los cantos *Gregorianos*.

Los actos sexuales tántricos implican un control consciente de la respiración, el pensamiento y la eyaculación durante la unión física. En realidad, el control respiratorio no presenta complicaciones, dependiendo sobre todo de la atención consciente al ritmo y profundidad de la respiración. Al concentrar la atención sobre la respiración o al contemplarla, desencadenamos un proceso inconsciente y parasimpático, sometido, sin embargo, a un control consciente. El amor tántrico se desarrolla mejor con una respiración profunda, rítmica e inhalada por la nariz. Una vez controlada la respiración, se puede continuar haciendo el amor y se mantiene la energía en circulación por un período casi indefinido. (Plazas, 2001)

Algo que es sumamente agradable es comenzar dando un masaje con aceite a nuestra pareja. El acto de masajear y ser masajeado es para ambos muy placentero. El masaje y la sensibilidad física favorecerá el tránsito hacia el acto sexual. Acariciar y hacer pequeñas y sutiles cosquillas con las yemas de los dedos acrecienta la sensibilidad y percepción de quién las recibe.

A medida que entramos en la fase *sensual-sexual* tras haber tomado la dosis de refuerzo, los efectos de la MDMA nos vuelven a depositar en un *estado mesetario* de menor intensidad y duración que el anterior, pero con determinados efectos residuales, lo que incrementa la capacidad de ensoñación y un leve estado visionario o psicodélico.

En estas horas se suceden toda una serie de estímulos sensuales y eróticos que aumentan nuestro grado de embriaguez.

Debemos tomar una actitud muy pausada y comenzar la unión sexual mientras se mantienen cruzadas las miradas enfrentadas de los amantes. La desinhibición sexual producida por la MDMA es más que notable, lo que nos permite tomar una actitud natural ante el sexo sin ningún tipo de tabú o carga.

El sexo oral o *Auparishtaka* se puede practicar como paso previo al coito. Es conveniente hacerlo con delicadeza ya que en un primer momento tanto la vagina o *yoni* y en especial el clítoris, como el pene o *lingam* están muy sensibles por lo que debemos ir adaptando la intensidad del proceso. Los besos y la ternura deben acompañar la experiencia. En el *cunnilingus*, la lengua se convierte en un segundo *limgam*, y en la *felatio* es la boca de la mujer la que se convierte en *yoni*. Estas nuevas significaciones provocan una especie de estallido mental, pues la lengua es sumamente sensible y amplifica las sensaciones.

Los olores naturales del yoni y el lingam sirven de potenciador y para transmitir las emociones. La combinación de los *jugos del amor* con la saliva establece un lazo único, cargado de energía química, con propiedades tanto físicas como *mágicas*. Al hacer el amor de manera *oral-genital*, las energías se intercambian y circulan y esto vigoriza a la pareja. Aunque podemos practicarlo como nos apetezca o como nos resulte más placentero y cómodo, la postura del *69* es muy efectiva para la nutrición sutil mutua y para el intercambio y circulación de energías. Potencia el centro sexual de los amantes y despierta las facultades transcendentales de la consciencia.

En el tantra la postura del *69* es conocida como *el Cuervo* y se realiza mientras la mujer y el hombre se recuestan sobre el lado derecho. La cabeza de cada uno se debe oponer a la zona genital del otro. El hombre debe deslizar su mano derecha por debajo de los muslos de la mujer, y reposar su cabeza entre los muslos de ella. Luego, él debe humedecer con su saliva sus dedos índice y pulgar derechos y sellar firmemente el ano de su compañera con el índice, al mismo tiempo que introduce su dedo pulgar en la vagina. Entonces, él posa su boca sobre el yoni, y su lengua empieza a actuar sobre el clítoris. Por su parte, la mujer encapsula con su boca el lingam de su compañero, cerrando el orificio de la punta con la lengua y presionando el ano con el tercer dedo de su mano derecha. Los otros dedos deben acariciar el perineo y el escroto.

Es muy probable que alcancemos el punto álgido del segundo *estado mesetario* habiendo comenzado la penetración. También que en este punto tengamos visiones con los ojos cerrados, aunque no de carácter sexual sino más bien metafísico o espiritual cargadas de un alto significado simbólico que, sin embargo, pueden reflejar la actuación externa. La penetración debe ser lenta, aunque de modo natural suele ser así debido al incremento en nuestras percepciones y el alto de grado de sensibilidad tanto física como emocional. En este momento nos percatamos del carácter irrisorio de la eyaculación y el orgasmo, además del placer implícito en la experiencia en sí, en ese *aquí y ahora* que se ha transformado en un eterno presente. Cada movimiento se convierte en un acontecimiento que da pie a la *danza cósmica*. Muchas veces incluso llegaremos a estar quietos ante la experimentación determinada de diversas sensaciones de la penetración que en si están cargadas de un alto contenido de sensibilidad física y emocional.

Durante la unión de *Shiva* y *Shakti* ambos entraran con frecuencia en estados visionarios o de éxtasis. La visualización activa de la unión tanto física como transpersonal y la visualización de las energías sexuales y los canales energéticos de los cuerpos favorecen el acceso a experiencias de *unidad dual*. En el momento de unión es posible que nos veamos sorprendidos ante el acontecimiento de conexión transpersonal, el sabernos inmersos en un mismo *Universo Consciente*. Lo que debemos hacer llegados este punto es no detenernos en él más de lo necesario, ya que en definitiva no es la "meta" a alcanzar en esta *danza Cósmica*. El acceso a una experiencia de *éxtasis oceánico*, el *samadhi* o la *fusión con el Universo* son, sin definirse como tal, el fin último de este tipo de experiencias.

Aunque podemos mantener las posturas que deseemos durante el coito o *Maithuna* existe una que es la principal dentro del yoga tántrico: La unión o *yoga* del yoni y el lingam se logra según el tantra en una posición sentada, donde la mujer se ubica sobre el hombre, que permanece recostado, de frente a él y a horcajadas. Esta posición denominada erecta garantiza una nueva dimensión del orgasmo y una reafirmación de la experiencia sexual.

Esto se debe a que el yoni encierra el lingam en esta postura y extrae de él todas las energías viriles, además no le permite salirse ni resbalarse hacia afuera, incluso bastante tiempo después de la eyaculación. También, permite y de hecho facilita los orgasmos simultáneos lo que aumenta la compenetración y la posibilidad del despertar del Kundalini. Y tal vez la mayor ventaja que existe para la mujer es que esta postura posibilita una directa y constante estimulación del clítoris, por lo que ella puede alcanzar altos niveles de estimulación.

Una vez que se encuentren bien acoplados, deben mirarse a los ojos e iniciar una respiración profunda, lo que dará paso a las visualizaciones. Conforme esto ocurre, ambos deben recordar que se encuentran en una unión de dioses encarnados en su propio Ser.

Es posible que ante tal grado de desinhibición nos apetezca practicar sexo anal o *Adhorata*. El ano encierra una gran concentración de terminaciones nerviosas y es considerado un *punto G* tanto en el hombre como en la mujer. La estimulación de la próstata en los hombres a través de ano puede conducir al orgasmo. Según el Tantra el ano es un acceso directo al despertar de la *Kundalini*. La *Adhorata* debe producirse con sumo cuidado, pues a veces el lingam puede ser más grande de lo habitual. Es aconsejable usar gel lubricante e ir muy despacio.

Existen muchas posibilidades para la práctica tántrica del sexo anal. Para comenzar resulta muy excitante y estimulante el bordear con la lengua el perímetro anal provocando una nueva avalancha de sensaciones. Es conveniente lubricarlo previamente introduciendo el dedo. En este caso vamos a comentaros tres posturas clásicas.

La primera consiste en recostarse sobre el lado derecho, quedando Shakti de espaldas. Las piernas deben quedar en una posición relajada y que permitan la penetración. Otra de las formas es colocándose Shakti de rodillas y apoyando su pecho sobre cojines que eleven la espalda hasta dejar un pequeño arco entre su cintura y sus nalgas. Por último, Shakti se acuesta de espaldas y coloca sus piernas apoyadas en los hombros de Shiva. Esta postura permite a los amantes mirarse a los ojos y estimularse mutuamente con las manos.

En algún momento alrededor de la cuarta o quinta hora es probable que hayamos vuelto a notar una bajada en la intensidad de los efectos, aunque al estar embriagados por la experiencia sexual solemos pasar por alto este declive. Si así nos apeteciera sería el momento de tomar el segundo refuerzo de entre 30 y 50 miligramos con el fin de alcanzar un tercer *estado mesetario*.

En este momento las ensoñaciones se producen con mayor profundidad y los raptos suelen producirse al igual que en fases anteriores mientras *los Danzantes* canalizan en un intercambio reciproco su energía sexual y se funden sus consciencias. Durante horas estaremos envueltos en una atmósfera de placer, sensualidad y espiritualidad que transformará de manera profunda la relación con nuestra pareja y con nosotros mismos.

Iremos notando como los efectos habrán disminuido considerablemente a partir de la sexta o séptima hora. Llegados a este punto la experiencia se puede prolongar lo que queramos o bien también podemos intentar llegar al orgasmo, que como ya dijimos en la primera parte de este artículo, es muchísimo más intenso y profundo.

En el Tantra el orgasmo no debe ser el fin último, pero, para ser realistas, debemos decir que es bastante posible que queramos llegar a él una vez nos encontremos en este punto. Por ello voy a describir la técnica tántrica para maximizar los efectos y duración del mismo, técnica que nos puede ser muy útil si nos apetece alcanzar el clímax.

El hombre debe retener y controlar su clímax a fin de que sea la mujer la que primero lo alcance, mientras que mantiene la experiencia de tensión y placer y lleva a su compañera hacia la cima del orgasmo. Por su parte la mujer se entregará a la progresiva llegada del clímax sin ninguna inhibición, provocando de manera consciente las contracciones de su vagina y de todo su cuerpo, normalmente involuntarias a medida que se acerca el orgasmo y centrado toda su atención en lograr una completa satisfacción física.

A medida que la mujer se acerca a su clímax, se entabla un sutil intercambio energético entre el lingam y el yoni. El hombre debe visualizar que arrastra hacia su interior la energía sexual liberada por su compañera, mezclándola con su propia energía, aún no liberada. Al llevarla hacia adentro y retenerla, el hombre ha de continuar desarrollando la experiencia de placer y tensión de la mujer.

Tras un breve descenso desde las alturas del clímax de satisfacción, la mujer sube otra vez, esforzándose por identificarse con la causa de su deleite. Conforme se aproxima por segunda vez al clímax, los papeles se intercambian: la mujer mantiene un alto nivel de éxtasis estimulando la experiencia de tensión y placer, mientras el hombre afloja el control sobre la eyaculación y se incorpora a la onda de energía.

En ese momento, le corresponde a ella sostener el alto nivel del clímax inminente, mientras que él se siente casi abrumado por el reflujo del orgasmo. Cuando el hombre se halle a punto de dejarse ir, ella ha de hacer remontar la Onda del Éxtasis y lograr que la sexualidad penetrante de su compañero entre en convergencia con su propia capacidad ascendente hacia nuevas alturas del clímax. A medida que convergen las energías sexuales, la Onda del Éxtasis conjunta se eleva más y más, hasta nuevas cimas de transcendencia. No hay palabras para describir esta experiencia liberadora.

Por su parte el hombre, ha de ejercer un control voluntario sobre su propio orgasmo, siendo capaz, no obstante, de dejarse llevar completamente por la onda de energía descendente que se origina tras el orgasmo de su compañera. Practicada de forma correcta, esta técnica conduce a la experiencia atemporal de la transcendencia, la unión entre el Vació y la Bienaventuranza.

Una vez hayamos notado que los efectos de la MDMA nos abandonan, debemos dejarlos marchar sin aferrarnos a ellos.

Cuando hayamos acabado, el cansancio físico y mental habrá hecho acto de presencia. Debemos intentar dormir bien esa noche y no romper el ciclo biológico del sueño.

Otras consideraciones

Si somos responsables en nuestro consumo y uso de la MDMA es muy probable que no suframos efectos adversos. Atender a la dosis y a las circunstancias evita riesgos innecesarios, absteniéndose de tomar MDMA todas aquellas personas que tengan algún tipo de patología como las descritas.

Este tipo de experiencias trascendentes bien encauzadas y asimiladas producen efectos beneficiosos sobre nuestra *psique* y nuestra salud. Los psicodélicos cumplen una función relativamente importante en las culturas primigenias como *adaptógeno* inespecífico al medio. Es frecuente que la relación de pareja se vea favorecida por estas experiencias y que aporten una nueva dimensión a nuestras relaciones sexuales.

El Día Después

Al día siguiente es aconsejable no tener que trabajar o atender a algún compromiso. Tendremos mucho de lo que hablar y que compartir. Lo mejor es pasar el día en pareja, descasar, comer bien y hacer el amor, quizá no con la misma intensidad, pero con un cariz nuevo y cargado de ternura y devoción.

El Sexo En Grupo

La práctica del sexo en grupo con éxtasis es algo común en determinados círculos. El sexo en grupo del que hablo se suele establecer entre amigos o conocidos. Esto es favorecido claramente por el efecto desinhibidor y empático de la MDMA. Algunos consumidores constatan y evidencian efectos de carácter tántrico y atmósferas sinérgicas en este tipo de prácticas.

Mezclas

No todos los consumidores utilizan la MDMA sola con fines afrodisíacos. Algunos la combinación con otras sustancias psicoactivas, sobre todo en contextos de discoteca o fiestas *rave*. Por ejemplo, en un estudio reciente se encontró que el 50% de los hombres y el 67% de las mujeres combinaban la MDMA con marihuana, debido a que, para estas personas, la combinación de ambas sustancias incrementaba el deseo sexual, algo más difícil de conseguir con la MDMA sola.

Según A. Shulgin, la combinación de MDMA con 2c-b *(afro, nexus)* supone, si las dosis y el contexto están bien ajustados, un auténtico afrodisíaco, en el sentido doble de incrementar tanto el deseo sexual como las sensaciones placenteras... Según Shulgin, si algún día se encuentra un verdadero afrodisíaco, será a partir del 2c-b, pues éste, ya por sí solo, parece ser una sustancia idónea para el sexo. La forma más habitual de combinar MDMA con 2c-b consiste en tomar una dosis media de 2c-b cuando los efectos de la MDMA empiezan a disminuir, siendo menos recomendable juntar la toma de ambas sustancias en un breve espacio temporal. Esta recomendación es especialmente importante, sobre todo para los varones, cuando se tiene intención de tener relaciones sexuales, ya que al empezar a desaparecer los efectos de la MDMA se tienen menos problemas para alcanzar la erección (Bouso, 2003).

Cuando se puso en circulación, el 2cb se comercializaba en algunos clubs americanos como un afrodisíaco que potenciaba la erección. Se vendía en dosis de 10 mg. y quizá sería esta la referencia que deberíamos tomar a la hora de ajustar la dosis.

El cannabis produce una profunda sinergia con la MDMA. Los efectos se suelen potenciar cuando fumamos y la marihuana incrementa especialmente la sensación de placer e intensifica las visiones. Ya por si sola, la marihuana es empleada por los *tantriks* para alcanzar estados elevados de consciencia y realizar sus prácticas. La marihuana ejerce una agradable influencia en nuestra experiencia con la MDMA, pero tenemos que tener en cuenta que un exceso de cannabis termina apagando sus efectos.

Otra combinación que resulta muy interesante es la de MDMA y "hongos mágicos" cuyo principal compuesto visionario es la *psilocibina*, que se encuentra en más de cien especies distintas de setas. La toma de dosis medias de estas setas potenciará los efectos visionarios y hará que la experiencia sea más intensa. Además, una de las cuestiones más interesantes de esta combinación es cómo los efectos de las setas contrarrestan los efectos anfetamínicos de la MDMA gracias a dos sustancias sedantes presentes en ellas. La experiencia suele ser más relajada y agradable a la vez que se incrementa el carácter visionario y psicodélico. Por otro lado, algunos usuarios han visto aumentada su potencia sexual con este tipo de combinación.

Por último, una mezcla que se ha puesto relativamente de moda entre algunos varones consiste en combinar MDMA con Viagra®, con el objeto de potenciar la erección dificultada por la MDMA y poder disfrutar así de sus efectos sobre la esfera sexual. A esta combinación se la ha denominado *sextasy*, una mezcla potencialmente de riesgo para personas con problemas cardíacos. Se han dado también algunos casos de priapismo (un estado desagradable en el que el pene queda erecto durante mucho tiempo después de terminada la relación sexual) tras la combinación de estas sustancias. Además, el hecho de que ambas sustancias utilicen las mismas vías metabólicas incrementa el riesgo de efectos secundarios desagradables. Aunque lo más conveniente si no se padecen problemas de erección sería no mezclarlas, de hacerlo, el consumidor debe empezar reduciendo las dosis de ambas sustancias y tratando de ajustarlas lo más posible para evitar reacciones adversas (Bouso, 2003). Una forma de hacerlo sería disminuyendo en 40 miligramos la dosis total y arrancando con tan sólo 100 mg. Tampoco debemos sobrepasar los 30 mg. de Viagra® en caso de no tener experiencia previa con esta sustancia.

Ensoñaciones Y Visiones

Quisiera dedicar este apartado a atender el fenómeno de los efectos psicodélicos, ya que la experiencia de los mismos es de importancia crucial para aprender de ellos y sabernos manejar en estos estados. Este tipo de experiencias suelen ser satisfactorias y relevantes produciendo en ocasiones estados de *éxtasis o unión mística*. La MDMA no produce un efecto profundamente psicodélico como otras sustancias como la LSD o la *psilocibina*. Pero este carácter de levedad psicodélica nos ayuda a profundizar más en estos estados sin peligro de caer en las fauces de un trance psicodélico aterrador.

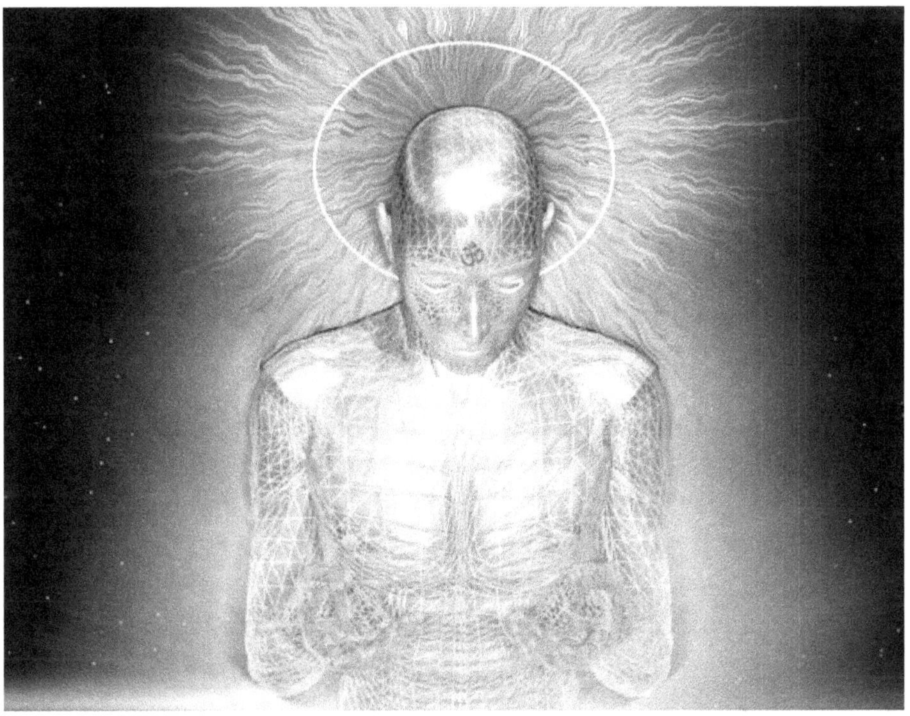

Ensoñar es un estado similar al del sueño en el que somos conscientes de nosotros mismos y de lo que está sucediendo. Me gustaría diferenciarlo de los estados visionarios ya que estos se caracterizan por su marcado carácter psicodélico, espiritual y emocional, con la impronta de una experiencia de carácter transpersonal. En cambio, los estados de ensoñación se caracterizan por recrear situaciones más cotidianas como una conversación, estar en otro lugar, etc.

Las ensoñaciones suelen suceder de modo espontáneo. Se producen pequeños raptos que nos trasladan a la recreación de alguna situación o lugar en nuestra mente, aunque sin carácter psicodélico.

Normalmente las visiones profundas con la MDMA suelen aparecer con los ojos cerrados y en estado de relajación. Una forma de favorecer el estado visionario es manteniendo un profundo estado de "silencio interior" y no intelectualizando la experiencia. También sostener con los ojos cerrados nuestra atención en el entrecejo beneficia este tipo de visiones. La música es otro factor que suele inducir estados visionarios y sinestésicos. En la fase de ensoñación la interiorización de la experiencia es más que evidente y es aconsejable dejarnos llevar para experimentar este tipo de trances poco a poco. La gran mayoría de las visiones suelen ser de carácter fractálico, aunque también suelen aparecer *mandalas*, vertiginosos túneles y espacios infinitos albergados en el Cosmos de nuestra mente.

Como punto final a este capítulo, un deseo: que nuestras experiencias tántricas con MDMA nos hagan disfrutar y ser felices. Que esa felicidad se extienda mucho más allá de las barreras temporales de una noche, que se convierta en una lente que nos haga ver el mundo con otros ojos, con una perspectiva más mágica y llena de amor hacia lo que nos rodean.

CAPÍTULO III

El MDMA en la terapia de pareja

En la búsqueda por construir y mantener relaciones de pareja satisfactorias, muchas personas se enfrentan a barreras emocionales y patrones de comunicación que dificultan una conexión profunda y significativa. En los últimos años, ha resurgido el interés en el uso del MDMA en contextos terapéuticos para parejas. Originalmente popularizado en la década de los 70 por su capacidad de facilitar la comunicación y promover la empatía, el MDMA ha demostrado tener un impacto notable en la calidad de las relaciones y en la resolución de conflictos interpersonales. A través de este capítulo, exploraremos cómo el MDMA puede actuar como una herramienta terapéutica para profundizar en la conexión espiritual y emocional entre parejas, desde sus primeros usos, los estudios modernos, sus riesgos y sus beneficios potenciales.

Antecedentes históricos: El MDMA en la psicoterapia de los años 70 y 80

La historia del MDMA en el ámbito de la psicoterapia comenzó en la década de los 70, cuando el químico Alexander Shulgin lo reintrodujo en un contexto terapéutico después de descubrir su capacidad para facilitar experiencias de empatía y comunicación. Aunque originalmente fue sintetizado en 1912 por la farmacéutica Merck, su potencial terapéutico no fue investigado a fondo hasta que Shulgin compartió sus descubrimientos con psicoterapeutas de California. Estos profesionales vieron en el MDMA una herramienta poderosa que ayudaba a los pacientes a explorar sus emociones sin el peso de la ansiedad o el miedo, creando un espacio de apertura y conexión emocional.

Los primeros estudios de George Greer y Ann Shulgin

Uno de los pioneros en el uso terapéutico del MDMA fue el psiquiatra George Greer, quien, junto con Ann Shulgin, llevó a cabo experimentos con pacientes en terapia de pareja y observó que el MDMA facilitaba una comunicación libre de juicios y una reducción de barreras emocionales. Durante las sesiones, las parejas reportaron sentir una empatía profunda y una conexión que les permitía discutir problemas de relación sin la carga de emociones negativas como la ira o el resentimiento. Sin embargo, estos estudios iniciales se vieron interrumpidos en 1985, cuando el MDMA fue clasificado como una droga de Clase I en los Estados Unidos, lo que restringió severamente su uso en contextos terapéuticos.

Perspectiva de Ann Shulgin sobre el MDMA como herramienta de comunicación

Ann Shulgin, esposa de Alexander Shulgin y también terapeuta, fue una de las defensoras más destacadas del MDMA como facilitador de la comunicación. Ann creía que el MDMA permitía a las personas ver a sus parejas con una "nueva perspectiva", libre de juicios y prejuicios. Según Shulgin, esta capacidad de crear un espacio emocionalmente seguro permitía a las parejas trabajar en problemas complejos, comprenderse mutuamente en un nivel más profundo y construir una base sólida de confianza.

Efectos neurobiológicos de la MDMA en la intimidad y conexión emocional

La MDMA produce una serie de efectos en el cerebro que son fundamentales para facilitar la apertura emocional y la empatía, dos componentes clave en el fortalecimiento de una relación de pareja. A nivel neuroquímico, la MDMA actúa sobre varios neurotransmisores clave: la serotonina, la oxitocina y la dopamina, cada uno de los cuales juega un papel esencial en la forma en que los individuos perciben y se relacionan emocionalmente con los demás.

1. Serotonina: reducción de la ansiedad y la reactividad emocional

La MDMA provoca una liberación masiva de serotonina, el neurotransmisor asociado al estado de ánimo y al bienestar. La presencia elevada de serotonina ayuda a reducir la ansiedad y las respuestas de miedo, lo que permite a los individuos abordar temas y emociones difíciles sin la reactividad emocional que, de otro modo, podría bloquear el diálogo. Este efecto es especialmente útil en parejas que desean explorar aspectos delicados de su relación, ya que les permite comunicarse con mayor sinceridad y calma

2. Oxitocina: facilitadora de la empatía y el apego emocional

La oxitocina, conocida como la "hormona del amor", juega un papel crucial en la creación de vínculos afectivos profundos. Al elevar los niveles de oxitocina, la MDMA promueve sentimientos de empatía y apego, lo cual facilita que los miembros de la pareja se sientan emocionalmente conectados y apoyados. Este incremento en la capacidad empática es vital para que las parejas se comprendan mutuamente desde un lugar de compasión y respeto, incluso cuando abordan conflictos complejos o heridas emocionales del pasado

3. Dopamina: refuerzo de la satisfacción compartida y el bienestar mutuo

La dopamina, vinculada con el sistema de recompensa y el placer, refuerza las experiencias de conexión y satisfacción compartida. Esto no solo hace que las sesiones de terapia con MDMA sean experiencias emocionalmente gratificantes, sino que también ayuda a consolidar el vínculo afectivo y a fortalecer la motivación para mantener una comunicación sincera y constructiva en el futuro. Este refuerzo de la recompensa emocional crea una base sólida para que los cambios positivos en la relación se mantengan a lo largo del tiempo

Estudios clínicos y aplicaciones terapéuticas de la MDMA en relaciones de pareja

El interés científico en la MDMA como herramienta terapéutica ha llevado al desarrollo de numerosos estudios clínicos que exploran su impacto en la salud emocional y las relaciones interpersonales. Entre estos, destacan los estudios centrados en parejas donde uno de los miembros sufre de trastorno de estrés postraumático (TEPT), una condición que puede generar barreras emocionales y dificultar la comunicación, afectando gravemente la relación de pareja.

Uno de los estudios más influyentes en este ámbito, publicado en el *European Journal of Psychotraumatology*, evaluó los efectos de la terapia cognitivo-conductual conjunta facilitada por MDMA en parejas donde uno de los miembros padecía TEPT. Los resultados mostraron no solo una reducción significativa de los síntomas de TEPT, sino también una mejora notable en la calidad de la relación. Los participantes reportaron un aumento en la satisfacción y el apoyo mutuo, lo cual refleja cómo la MDMA puede actuar como un puente emocional que facilita el acceso a emociones profundas y permite la exploración de traumas y problemas emocionales dentro de la dinámica de pareja.

Otro estudio realizado por investigadores de *Frontiers in Psychology* se enfocó en cómo la MDMA permite a las parejas abordar sus problemas con una menor reactividad emocional. Esta reducción de la reactividad emocional se traduce en una mayor tolerancia a la incomodidad y a los momentos difíciles durante la terapia, permitiendo que ambos miembros expresen sus emociones de manera honesta y sin interrupciones defensivas. Este enfoque permite explorar los conflictos desde un lugar de vulnerabilidad y autenticidad, ayudando a las parejas a comprender los sentimientos y perspectivas del otro en un nivel más profundo

Empatía y reducción de barreras emocionales

El MDMA es conocido por su capacidad de intensificar los sentimientos de empatía y fomentar una actitud de aceptación y comprensión mutua. En el contexto de la terapia de pareja, esto permite a los individuos abordar temas conflictivos con menos miedo y con una disposición a escuchar y comprender a su pareja. Según la experiencia de Charles Wininger, compartida en un artículo de *GQ*, el MDMA actuó como un "superpegamento emocional" que le permitió a él y a su esposa Shelley redescubrir una conexión que había sido opacada por los años. Wininger describe el MDMA como una herramienta que abre la puerta a una comunicación libre de barreras, en la cual cada miembro de la pareja puede expresar sus sentimientos de manera honesta y sin temor a ser juzgado.

Conexión espiritual: una experiencia de unión trascendental
Además de facilitar una conexión emocional, el MDMA tiene el potencial de llevar a las parejas a un estado de unión espiritual. Los efectos de la oxitocina, conocida como la "hormona del amor", en combinación con la serotonina, pueden provocar una sensación de trascendencia y unidad con el otro. Esto no solo fortalece la relación emocional y física, sino que lleva a la pareja a experimentar una sensación de unidad que va más allá de lo físico, tocando aspectos espirituales de la relación que pueden resultar difíciles de alcanzar en una terapia convencional.

La MDMA y la sanación emocional duradera en las relaciones de pareja

La MDMA tiene el potencial de generar un cambio emocional duradero en la relación de pareja. A través de la creación de una "memoria emocional" positiva, la MDMA permite que las experiencias de amor, conexión y empatía vividas durante la terapia queden ancladas en la percepción que cada miembro tiene de la relación. Esta memoria emocional facilita que los sentimientos de cercanía y comprensión desarrollados durante la sesión puedan evocarse y recordarse en momentos futuros, incluso cuando la pareja ya no está bajo los efectos de la sustancia.

Este impacto a largo plazo se ha observado en varios estudios, donde las parejas informan que, después de la terapia con MDMA, se sienten más conectadas emocionalmente y tienen una mayor capacidad para abordar sus problemas de manera abierta y constructiva. La MDMA, al reducir las barreras emocionales y permitir un diálogo sincero, crea un cambio que no solo transforma el momento, sino que también fortalece la base de la relación a lo largo del tiempo.

Además, la "memoria emocional" facilitada por la MDMA ayuda a la pareja a mantener las habilidades de comunicación y empatía que desarrollaron durante la terapia. Este anclaje emocional permite que, incluso en momentos de conflicto o dificultad, ambos miembros puedan recordar la conexión lograda y recurrir a las estrategias de comunicación aprendidas, promoviendo un cambio positivo y sostenible en su dinámica relacional.

Estudios recientes sobre el MDMA en terapia de pareja

El interés por el uso del MDMA en contextos terapéuticos ha resurgido con la creciente aceptación de los psicodélicos en la psicoterapia. La Asociación Multidisciplinaria de Estudios Psicodélicos (MAPS) ha liderado estudios que exploran la eficacia del MDMA en el tratamiento del trastorno de estrés postraumático (TEPT) y, más recientemente, su aplicación en la terapia de pareja.

Estudio de Ann Wagner y MAPS en parejas con TEPT

Un estudio de Ann Wagner, publicado en *Tandfonline* y respaldado por MAPS, investigó los efectos del MDMA en terapia de pareja, especialmente en casos donde uno de los miembros padece TEPT.

Los resultados mostraron que el uso de MDMA facilitaba una mayor comunicación entre las parejas y permitía al miembro con TEPT expresar sus experiencias de manera más abierta y sin miedo. Este estudio fue un avance significativo, ya que mostró que el MDMA podía mejorar tanto la relación de pareja como los síntomas de TEPT, sugiriendo que esta sustancia podría ser un recurso valioso para las relaciones en las que existen traumas emocionales profundos.

Evidencia preliminar en la reducción de conflictos y mejora de la satisfacción de la relación

La investigación de MAPS también reveló que el MDMA puede ayudar a reducir los niveles de conflicto y aumentar la satisfacción en la relación. En el estudio piloto de 2020, las parejas que participaron en sesiones de terapia facilitada por MDMA reportaron sentir una mayor comprensión y una conexión renovada con su pareja. Esto se debe en gran medida a la capacidad del MDMA para reducir la respuesta de miedo en situaciones de conflicto, lo que permite a las parejas abordar problemas difíciles de manera constructiva y con una mayor disposición a colaborar en la resolución de los mismos.

El papel del terapeuta en la terapia de pareja asistida con MDMA

El éxito de la terapia de pareja con MDMA depende en gran medida de la presencia de un terapeuta capacitado, quien no solo administra y supervisa el uso de la sustancia, sino que también guía y facilita la interacción entre los miembros de la pareja para garantizar que la experiencia sea constructiva y beneficiosa. La labor del terapeuta en este contexto va más allá de la terapia convencional, ya que implica el manejo de un estado emocional intensificado y un entorno que, aunque altamente empático, también puede ser emocionalmente complejo y vulnerable.

Funciones principales del terapeuta en la terapia asistida con MDMA

1. Preparación y creación de un ambiente seguro

La preparación es esencial en la terapia asistida con MDMA. Antes de comenzar el proceso, el terapeuta se reúne con la pareja para hablar sobre sus expectativas, preocupaciones y posibles reacciones. En esta fase, el terapeuta explica los efectos del MDMA, tanto los positivos como los posibles efectos secundarios, y aclara que el propósito de la sustancia es facilitar la apertura emocional y la empatía, no imponer una solución artificial a los problemas de la pareja.

Crear un ambiente seguro y de confianza es crucial. Esto implica que el terapeuta prepare un espacio físico cómodo y privado donde la pareja pueda sentirse relajada y dispuesta a compartir sus pensamientos y sentimientos sin temor. A menudo, el terapeuta utiliza técnicas de respiración y mindfulness para ayudar a los participantes a establecer una conexión consigo mismos y con el momento presente antes de iniciar la experiencia con MDMA.

2. **Supervisión y guía durante la experiencia con MDMA**
   Durante la sesión, el terapeuta actúa como un guía neutral, interviniendo solo cuando es necesario para facilitar la comunicación o manejar posibles situaciones emocionalmente difíciles. La función del terapeuta no es dirigir la conversación ni ofrecer soluciones directas, sino crear un espacio seguro donde ambos miembros de la pareja puedan expresar sus sentimientos sin interrupciones y en un entorno libre de juicios.

En este estado de apertura emocional, es común que las parejas experimenten una "catarsis emocional" en la que surgen sentimientos profundos, incluyendo aquellos que pueden haber sido reprimidos o ignorados. El terapeuta debe estar capacitado para identificar y manejar estas emociones, ayudando a la pareja a explorar estos sentimientos sin sentirse abrumada. En algunos casos, el terapeuta puede realizar intervenciones mínimas para recordar a cada miembro de la pareja que respire y se tome el tiempo necesario para procesar lo que está sintiendo.

3. **Facilitación de la comunicación y resolución de conflictos**

Uno de los principales beneficios del MDMA es su capacidad para reducir el miedo y la ansiedad, lo que facilita una comunicación más honesta y sin barreras. Sin embargo, el terapeuta debe estar preparado para intervenir en momentos críticos, especialmente si uno de los miembros de la pareja comienza a sentirse vulnerable o se enfrenta a emociones difíciles.

La habilidad del terapeuta para facilitar la comunicación es fundamental; su tarea es guiar a la pareja hacia una comunicación abierta que no sea impulsada por el juicio o la reactividad. En este sentido, el terapeuta puede ofrecer técnicas de comunicación no violenta y herramientas que permitan a la pareja expresar sus sentimientos de manera constructiva, incluso en temas sensibles o dolorosos.

4. **Apoyo en la integración de la experiencia después de la sesión**

Una vez finalizada la sesión con MDMA, el trabajo de integración se convierte en un componente esencial. En esta fase, el terapeuta se reúne nuevamente con la pareja para revisar y reflexionar sobre la experiencia, ayudando a cada miembro a procesar lo vivido y a entender cómo pueden aplicar sus nuevas perspectivas en la vida cotidiana y en su relación. La integración puede llevar varias sesiones y permite a la pareja reflexionar sobre lo que han aprendido y desarrollar un plan para incorporar esos aprendizajes en su relación a largo plazo.

5. **La ritualización y el "trabajo de límites" en la experiencia de MDMA en pareja**

Una de las características únicas de la terapia de pareja con MDMA es la posibilidad de ritualizar la experiencia, creando un "espacio seguro" en el que la pareja pueda explorar su relación en profundidad. Esta ritualización incluye prácticas que ayudan a diferenciar la experiencia con MDMA de la vida cotidiana, estableciendo un entorno emocionalmente intenso y significativo, exclusivo para la pareja.

Estudios, como el titulado *Never drop without your significant other*, han demostrado que las parejas que utilizan MDMA para fortalecer su conexión emocional tienden a crear una serie de rituales específicos alrededor de la experiencia. Estos rituales incluyen la limpieza del entorno, la preparación de un espacio acogedor y sin distracciones, y la exclusión de otras personas durante el tiempo que comparten bajo los efectos de la MDMA. Estos elementos rituales permiten que la pareja experimente la sesión como un momento especial, dedicado exclusivamente a la intimidad y a la conexión emocional mutua.

El "trabajo de límites" desempeña un papel crucial en esta ritualización, ya que permite que la experiencia con MDMA se perciba como un evento único y significativo que fortalece la relación. La exclusión de terceras personas y de distracciones externas protege la privacidad emocional de la pareja, permitiéndoles explorar su relación sin interferencias. Este proceso de aislamiento temporal ayuda a que ambos miembros se sientan emocionalmente seguros y a que la conexión lograda durante la experiencia se integre de manera profunda y duradera en su vínculo afectivo.

El terapeuta puede guiar a la pareja en el establecimiento de estos rituales y en la creación de un "espacio seguro" para que la experiencia sea lo más beneficiosa posible. Al facilitar que la pareja incorpore estos elementos rituales, el terapeuta ayuda a maximizar el impacto de la MDMA en la conexión emocional, permitiendo que los efectos positivos de la sesión se integren de manera estable en la relación.

Cualidades necesarias en un terapeuta de pareja asistida con MDMA

El terapeuta que facilita la terapia asistida con MDMA debe poseer una serie de cualidades y habilidades específicas:

- **Formación en el uso de psicodélicos**: La experiencia y la capacitación en el uso terapéutico de sustancias psicodélicas son imprescindibles para comprender los efectos del MDMA y manejar adecuadamente la experiencia de la pareja durante la sesión.

- **Empatía y neutralidad**: Dado el nivel de vulnerabilidad emocional que surge en este tipo de terapia, el terapeuta debe ser una figura empática y sin juicio, capaz de mantener una posición neutral y proporcionar apoyo emocional.

- **Habilidad para manejar situaciones emocionalmente intensas**: La capacidad de permanecer calmado y centrado, incluso en momentos de alta intensidad emocional, es fundamental para ofrecer un espacio seguro y apoyar a la pareja en la expresión de sus sentimientos sin temor.

Procedimiento recomendado en las sesiones de terapia con MDMA

1. **Primera fase: Preparación y exploración de objetivos**
   Antes de la primera sesión con MDMA, el terapeuta trabaja con la pareja para identificar sus objetivos y expectativas. En esta fase, se realiza una evaluación completa para asegurarse de que ambos miembros de la pareja estén preparados emocional y mentalmente para el proceso. Esto también incluye una discusión sobre los efectos del MDMA, sus beneficios potenciales y los riesgos asociados.

2. **Segunda fase: Sesión con MDMA y facilitación de la comunicación**
   Durante la sesión de MDMA, que puede durar entre seis y ocho horas, el terapeuta actúa como facilitador y observador, ofreciendo intervenciones mínimas para fomentar una comunicación abierta y sincera entre

la pareja. La sesión está diseñada para ser fluida y permite que ambos miembros de la pareja exploren sus emociones de manera espontánea, mientras el terapeuta supervisa el proceso y garantiza un ambiente seguro.

3. **Tercera fase: Integración y seguimiento**

Al finalizar la experiencia con MDMA, la fase de integración es fundamental para asimilar lo aprendido. En esta etapa, el terapeuta ayuda a la pareja a reflexionar sobre los descubrimientos realizados y a desarrollar estrategias para incorporar esos aprendizajes en su relación diaria. Se recomienda que el seguimiento se extienda en el tiempo, permitiendo que la pareja continúe explorando y aplicando las lecciones de la terapia en su vida diaria.

Riesgos y consideraciones éticas en el uso del MDMA para la terapia de pareja

Aunque el MDMA presenta un notable potencial en la mejora de las relaciones y la comunicación entre parejas, su uso no está exento de riesgos y plantea varias consideraciones éticas que deben ser evaluadas de manera cuidadosa. Estos aspectos son esenciales para asegurar que la experiencia sea segura y beneficiosa para ambas partes, y que los resultados obtenidos sean genuinos y sostenibles a largo plazo.

Riesgos asociados al uso del MDMA

1. **Efectos fisiológicos**

El MDMA tiene efectos en el sistema nervioso que pueden resultar en elevación de la presión arterial, aceleración del ritmo cardíaco y aumento de la temperatura corporal. Estos efectos pueden no estar exentos de riesgo, especialmente en personas con problemas cardíacos o condiciones médicas preexistentes. Por esta razón, es esencial que cualquier persona que participe en una terapia asistida con MDMA pase por un examen médico previo para descartar contraindicaciones.

2. **Dependencia emocional y falsa sensación de conexión**
Uno de los riesgos potenciales del MDMA es la posibilidad de que cree una "falsa" sensación de conexión entre los miembros de la pareja. Al alterar los niveles de serotonina y oxitocina, el MDMA puede dar una sensación temporal de intimidad y empatía que no refleja necesariamente el estado real de la relación. Esto puede llevar a que algunas parejas interpreten esta experiencia como una "cura" para los problemas de su relación, sin haber trabajado realmente en los patrones

de comportamiento o los problemas de fondo que afectan la dinámica de pareja.

3. Riesgo de dependencia psicológica

Aunque el MDMA no es una sustancia altamente adictiva, existe el riesgo de que las parejas se acostumbren a utilizarla como un medio para alcanzar una conexión emocional que luego encuentran difícil de mantener sin el uso de la droga. Esto podría llevar a una dependencia psicológica, donde los miembros de la pareja sientan que necesitan recurrir al MDMA para mantener la intimidad y la empatía en la relación.

4. Desencadenamiento de traumas no resueltos

En algunos casos, el MDMA puede actuar como un "catalizador" de emociones intensas o traumas no resueltos. Aunque esto puede ser beneficioso para la terapia cuando se maneja adecuadamente, también puede ser riesgoso si el terapeuta no está capacitado para manejar situaciones emocionalmente complejas. Los recuerdos dolorosos o los traumas que emergen durante la sesión pueden llevar a la pareja a una situación emocional difícil que requiere una intervención terapéutica específica.

Consideraciones éticas en la terapia de pareja asistida con MDMA

1. Consentimiento informado y expectativas realistas

El consentimiento informado es una piedra angular en la práctica de la terapia con MDMA. Los participantes deben estar plenamente conscientes de los efectos de la sustancia y comprender que la experiencia emocional que vivirán es un medio para explorar sus sentimientos y su relación, no una solución automática. Es responsabilidad del terapeuta asegurarse de que ambas partes comprendan el propósito de la terapia y tengan expectativas realistas sobre los resultados.

2. Supervisión profesional y confidencialidad

El uso del MDMA en contextos terapéuticos debe realizarse bajo la supervisión de profesionales capacitados en el manejo de psicodélicos y en la terapia de pareja. El terapeuta tiene la obligación de garantizar un ambiente seguro y de proteger la confidencialidad de sus pacientes, dado que la vulnerabilidad emocional de los participantes requiere un entorno de confianza absoluta.

3. Evaluación de la idoneidad de los participantes

No todas las personas son aptas para la terapia asistida con MDMA. Es responsabilidad del terapeuta evaluar si una pareja es adecuada para este tipo de intervención. Factores como condiciones psiquiátricas, historia de abuso de sustancias y problemas médicos preexistentes deben ser cuidadosamente considerados para evitar riesgos de salud. La selección adecuada de los participantes es crucial para maximizar los beneficios y minimizar los riesgos.

4. Ética en el manejo de las emociones y el respeto a la autonomía de la pareja

Dado que el MDMA puede intensificar las emociones, el terapeuta debe ser consciente de la autonomía de cada miembro de la pareja y evitar interferir en el proceso emocional de forma que pudiera influir en sus decisiones o percepciones. La función del terapeuta es guiar y apoyar, no manipular ni aprovechar la vulnerabilidad emocional de los participantes para imponer una dirección en la terapia.

El futuro del MDMA en la terapia de pareja y su impacto en la conexión emocional y espiritual

El MDMA representa una herramienta revolucionaria en el campo de la terapia de pareja, ofreciendo a las personas una vía para reconectar a un nivel emocional y espiritual profundo. Su capacidad para reducir el miedo, aumentar la empatía y promover una comunicación honesta abre puertas a experiencias de sanación y entendimiento mutuo que pueden ser difíciles de alcanzar mediante métodos terapéuticos convencionales. Sin embargo, su aplicación debe estar sujeta a un marco de seguridad y ética riguroso que garantice que los beneficios de la terapia no sean efímeros ni ilusorios, sino que contribuyan a un cambio real en la relación de pareja.

¿Es el MDMA una solución mágica para los problemas de pareja?
Es importante comprender que el MDMA no es una panacea que resolverá automáticamente los conflictos o los desafíos de una relación. Más bien, se trata de una herramienta que facilita un entorno de apertura y vulnerabilidad, en el cual la pareja puede explorar sus sentimientos y problemas de una manera más sincera. Este proceso de autoconocimiento y comunicación, si bien es valioso, debe ir acompañado de un esfuerzo genuino y continuo por ambas partes para aplicar los aprendizajes obtenidos y construir una relación saludable y equilibrada.

El impacto de la regulación y la investigación continua

A medida que las investigaciones sobre el MDMA avanzan y se desarrolla una normativa en torno a su uso terapéutico, es probable que su papel en la terapia de pareja se expanda. Sin embargo, es crucial que las políticas de regulación aseguren que su uso esté limitado a profesionales capacitados y que se establezcan protocolos de seguridad claros para proteger a los pacientes. La investigación continua permitirá entender mejor los efectos del MDMA a largo plazo y determinar qué tipos de parejas pueden beneficiarse más de esta forma de terapia.

Hacia una visión integradora de la relación de pareja

En última instancia, la terapia de pareja asistida con MDMA ofrece una visión renovada de las relaciones, en la que la conexión emocional y espiritual se convierte en el pilar fundamental para resolver conflictos y fomentar el crecimiento mutuo. Al facilitar una comprensión profunda y una empatía sincera, el MDMA puede ser un recurso valioso para que las parejas construyan relaciones sólidas y enriquecedoras, basadas en el respeto y la comprensión mutua. La clave para que esta experiencia sea verdaderamente transformadora radica en un enfoque ético y profesional que priorice el bienestar y la autonomía de cada miembro de la pareja.

CAPÍTULO IV

Guía para el terapeuta en el uso de MDMA y tantra en la terapia de pareja

El papel del terapeuta en la facilitación de la unión espiritual y tántrica

La terapia de pareja asistida con MDMA y tantra proporciona una vía poderosa para que los miembros de la pareja exploren la conexión profunda, la apertura emocional y la intimidad espiritual. El rol del terapeuta es esencial para crear un espacio seguro y consciente, donde la pareja pueda entregarse a la experiencia y fortalecer sus lazos emocionales y espirituales.

Además de la guía y supervisión directa, existe un segundo escenario en el que la pareja, junto con el terapeuta, puede optar por que éste se retire a una estancia separada antes de la fase sexual. Esta modalidad debe discutirse de antemano, y se establece como una opción en la que el terapeuta se mantiene disponible en otro espacio cercano para intervenir solo si es llamado. Este enfoque permite a la pareja disfrutar de una intimidad sin presencia directa, manteniendo la seguridad de saber que el terapeuta puede acudir si es necesario.

En ambos casos, el terapeuta será el encargado de preparar las dosis y refuerzos, dejándolas en un lugar accesible a la vez que seguro y claramente etiquetadas.

Preparación: Construcción del set y setting adecuado para la experiencia

La fase de preparación es esencial para asegurar que la experiencia de unión sea segura, respetuosa y profundamente significativa. La pareja y el terapeuta trabajan juntos para establecer las expectativas y preparar tanto el entorno físico como su disposición mental y emocional para el proceso.

1. **Orientación y establecimiento de expectativas**
   El terapeuta discute las expectativas de la pareja y explica los objetivos de la experiencia. Durante esta

orientación, se aclaran tanto el papel del MDMA en facilitar la apertura emocional como los objetivos de la experiencia, que no se centran en una "meta" específica, sino en permitir que la pareja explore y se conecte de manera genuina.

Como parte de este proceso, el terapeuta presenta el escenario alternativo: la posibilidad de que, antes de la fase sexual, se retire a otra estancia, dejando que la pareja explore esta etapa de unión sin su supervisión directa. Esta decisión debe ser consensuada por ambos miembros de la pareja y el terapeuta, quien debe asegurarse de que la pareja entienda los aspectos de responsabilidad y autogestión que conlleva esta modalidad.

2. **Creación del set y setting adecuado**
   El ambiente debe estar diseñado para invitar a la calma y a la conexión espiritual, con elementos de iluminación suave, decoración natural y música ambiental cuidadosamente seleccionada. La pareja también prepara su estado físico y mental, evitando el cansancio y favoreciendo actividades relajantes en las horas previas.

Si la pareja ha optado por el escenario en el que el terapeuta se retira antes de la fase sexual, se deben acordar algunos puntos específicos de contacto o señal para que el terapeuta pueda ser llamado en caso de ser requerido. La disposición de la pareja para tomar la responsabilidad de su proceso en esta fase es fundamental.

Guía durante la experiencia: Rol activo del terapeuta en cada fase

Durante la sesión, el terapeuta se posiciona como facilitador y observador, supervisando y apoyando en cada fase del proceso. Si se ha optado por el retiro en la fase de unión sexual, la estructura del acompañamiento cambiará en el momento en que el terapeuta se retira a la otra estancia. Aquí se detallan ambas posibilidades en cada fase de la experiencia.

Primera fase: Apertura emocional y conexión inicial

En esta fase inicial, los efectos del MDMA comienzan a manifestarse, generando un incremento en la empatía y en la disposición emocional. Esta es una etapa de conexión profunda en la que el terapeuta facilita la creación de una base emocional sólida.

1. **Contacto visual y sincronización de la respiración**

   El terapeuta invita a la pareja a mantener el contacto visual y sincronizar su respiración, utilizando esta conexión como una vía para profundizar en la presencia y en la apertura mutua. Esta técnica tántrica ayuda a la pareja a entrar en un estado de relajación y a sentir la cercanía del otro.

2. **Comunicación sincera y expresión verbal**

   Durante esta fase, el terapeuta también facilita un espacio de comunicación sincera en el que la pareja puede expresar sus sentimientos sin juicio. La labor del terapeuta es recordarles que se entreguen sin expectativas, permitiendo que las emociones fluyan de manera natural y sin control.

Segunda fase: Conexión sensorial y prácticas tántricas

Esta etapa marca la transición hacia una conexión física más profunda y consciente. El terapeuta puede sugerir prácticas de masaje, respiración y meditación en pareja para intensificar la conexión. En este punto, el terapeuta recuerda a la pareja que, si eligieron el escenario de retiro, pronto iniciarán la fase de unión sexual por su cuenta.

1. **Exploración sensorial consciente**

   La pareja comienza a experimentar su conexión física a través del masaje, el contacto suave y la respiración sincronizada. Estas prácticas, sugeridas por el terapeuta, permiten que ambos miembros se entreguen al momento y fortalezcan la intimidad emocional que han construido.

2. **Preparación para la modalidad de retiro (si aplica)**

En caso de que la pareja haya decidido seguir con el escenario de retiro, el terapeuta prepara a la pareja para asumir la fase sexual por su cuenta. Antes de retirarse, el terapeuta les recuerda la importancia de la respiración consciente y de tomarse su tiempo para experimentar cada sensación sin prisa.

El terapeuta acuerda con la pareja una señal o forma de comunicación para ser llamado en caso de ser necesario. Además, recuerda a ambos que este espacio es de ellos y que deben vivirlo sin expectativas, permitiendo que cada momento fluya de manera natural y espontánea.

Tercera fase: Unión sexual y espiritual

La fase de unión sexual es el momento cumbre de la experiencia, y aquí se diferencian dos posibles enfoques: supervisión directa del terapeuta o retiro a una estancia separada, según lo acordado en la fase de preparación. En ambos escenarios, la pareja puede alcanzar un estado de unidad emocional y espiritual, aunque la dinámica del terapeuta varía.

Escenario 1: Presencia del terapeuta como guardián del espacio

En este escenario, el terapeuta se mantiene en la habitación, supervisando de forma discreta y sin interferir en la intimidad de la pareja. El terapeuta actúa como guardián del espacio, asegurándose de que la pareja se sienta segura y pueda sumergirse en la experiencia sin distracciones externas.

1. **Presencia como guardián del espacio**

   En esta fase, el terapeuta actúa como un guardián silencioso, asegurando un ambiente seguro donde la pareja puede entregarse plenamente sin temor. El terapeuta se sitúa en un lugar que le permita observar y supervisar la experiencia sin interrumpir la intimidad de la pareja.

2. **Apoyo emocional y refuerzo de la conexión espiritual**

   En momentos donde la pareja puede estar cerca de una

experiencia de unidad o éxtasis espiritual, el terapeuta ofrece indicaciones mínimas para reforzar su conexión, como recordatorios de sincronizar su respiración o visualizar el flujo de energía entre sus cuerpos. Estas indicaciones suaves permiten que la pareja se mantenga enfocada en la experiencia sin sentirse observada o dirigida.

3. **Supervisión de límites y gestión de emociones intensas**

   El terapeuta también observa de manera sutil cualquier señal de incomodidad, ansiedad o desconexión emocional en alguno de los miembros. Si uno de ellos experimenta una emoción intensa o una visión, el terapeuta puede intervenir de manera breve y discreta para tranquilizarle y recordarle que está en un espacio seguro. Este apoyo emocional es clave para que la pareja se sienta acompañada sin que su experiencia se vea interrumpida.

4. **Cierre ceremonial de la unión**

   Al finalizar la fase de unión, el terapeuta puede guiar a la pareja en un pequeño ritual de cierre, que puede incluir una respiración profunda conjunta o un abrazo en silencio. Este final ceremonial ayuda a que ambos miembros asimilen la experiencia y se preparen para la fase de integración.

Escenario 2: Retiro del terapeuta a una estancia separada

En este segundo escenario, el terapeuta se retira a otra habitación antes de que la pareja inicie la fase de unión sexual. Este enfoque proporciona una intimidad sin supervisión directa, pero con la seguridad de saber que el terapeuta está cerca y disponible en caso de necesidad.

La pareja, en este escenario, toma plena responsabilidad sobre su experiencia, recordando las indicaciones sobre técnicas tántricas y prácticas de conexión que el terapeuta les ha dado en fases previas. Esta modalidad de retiro puede ser particularmente liberadora para parejas que desean experimentar una conexión sin supervisión, pero con el respaldo de saber que el terapeuta estará disponible si lo requieren. La pareja solo deberá hacer la señal previamente acordada para que el terapeuta regrese a la habitación y ofrezca apoyo si es necesario.

Integración post-experiencia: Reflexión y asimilación de la vivencia

Después de la fase de unión, ya sea con o sin supervisión directa, la integración es clave para que la pareja asimile lo vivido y traduzca los aprendizajes en prácticas significativas para su vida cotidiana. La función del terapeuta es acompañar y guiar la integración, promoviendo la reflexión y ayudando a la pareja a establecer compromisos de conexión y apoyo mutuo.

1. **Espacio para el diálogo y la expresión de lo vivido**
   El terapeuta facilita una conversación abierta en la que ambos miembros de la pareja pueden expresar sus descubrimientos y compartir sus momentos de mayor impacto emocional. Esta conversación es particularmente importante en el caso de haber optado por el escenario de retiro, ya que permite que la pareja verbalice cualquier aspecto específico de su experiencia de intimidad.

2. **Planificación de prácticas de conexión regulares**
   El terapeuta sugiere prácticas regulares para mantener la conexión lograda, tales como técnicas de respiración, meditación y masaje en pareja. Estas actividades ayudan a la pareja a sostener la intimidad emocional sin depender del MDMA.

3. **Creación de un "mapa de conexión" personal**
   A través de una reflexión guiada, el terapeuta ayuda

a la pareja a identificar las técnicas, elementos de set y setting, y prácticas tántricas que les permitieron experimentar una conexión profunda. Este "mapa de conexión" sirve como una guía para que puedan replicar y profundizar esta intimidad de manera autónoma.

4. **Proyección hacia el futuro y compromiso de cuidado mutuo**

   Finalmente, el terapeuta invita a la pareja a reflexionar sobre cómo la experiencia puede enriquecer su relación a largo plazo y les anima a establecer compromisos de cuidado y apoyo mutuo. Este cierre ayuda a consolidar la experiencia y recordarles que el verdadero trabajo de conexión debe continuar en su vida diaria.

Un enfoque flexible y transformador en la terapia de pareja asistida con MDMA y tantra

El papel del terapeuta en la terapia de pareja asistida con MDMA y tantra puede adaptarse para satisfacer las necesidades y preferencias de la pareja. Ya sea mediante la supervisión directa o mediante el escenario de retiro, el terapeuta crea un entorno seguro y respetuoso que permite a la pareja explorar su conexión espiritual y física en un espacio de libertad y entrega.

Esta flexibilidad permite que las parejas experimenten la terapia de una manera que se adapte mejor a sus necesidades y preferencias. Sea cual sea el enfoque, el terapeuta cumple un rol transformador al facilitar una experiencia que va más allá de lo físico, brindando a la pareja una oportunidad única para explorar los límites de su conexión espiritual y emocional.

CAPÍTULO V

Ann Shulgin: Conferencia sobre el uso de MDMA en psicoterapia

En este capítulo quiero reproducir una conferencia magistral que Ann Shulgin impartió en las Conferencias sobre Enteógenos organizadas en Barcelona en 1998, que por su contenido me parece interesante a la hora de realizar terapia con MDMA.

Uso terapéutico de la MDMA en sesiones psicoterapéuticas

Para el tratamiento con MDMA en contexto terapéutico, la dosis inicial suele ser de 120 mg, aunque en la primera sesión se puede reducir a 100 mg. A la hora y media, si el paciente lo desea, puede añadirse un suplemento de 40 mg. Este suplemento no intensificará la experiencia, pero sí alargará sus efectos.

Antes de iniciar la sesión, es esencial que el terapeuta establezca un "contrato" verbal con el paciente, mirándolo a los ojos. Este contrato no sólo se dirige a la mente consciente del paciente, sino también a su inconsciente, el cual absorbe y registra la información. El acuerdo debería incluir las siguientes reglas:

1. Se permite experimentar y verbalizar cualquier sensación sexual; sin embargo, no se iniciará ninguna actividad sexual durante la sesión.

2. Se permite expresar sentimientos de agresión, hostilidad y enfado, pero sin dañar al terapeuta o a sus pertenencias, salvo que se hayan acordado previamente métodos específicos para expresar la agresión de forma segura.

3. Si durante la experiencia se percibe la "puerta amistosa" de la muerte, el paciente deberá comprometerse a no cruzarla, ya que ello podría ser perjudicial tanto para él como para el terapeuta.

4. El paciente debe aceptar este conjunto de reglas de forma clara y sin restricciones.

Cada una de estas reglas tiene su propósito. La primera es clara y no requiere mayor explicación.

En cuanto a la segunda regla, el terapeuta debe ofrecer al paciente un entorno donde pueda expresar libremente cualquier ira o sentimiento de violencia, especialmente si estas emociones emergen a raíz de recuerdos profundos. Pueden utilizarse cojines, almohadas o sábanas viejas para que el paciente pueda golpear y desgarrar, canalizando así su agresión sin daño. Es importante disponer de una habitación insonorizada y acondicionada para permitir gritos y golpes sin interrupciones.

La tercera regla, relativa a la "puerta de la muerte," es crucial. Este concepto es real en el contexto de la sesión, aunque no tiene un carácter seductor ni irresistible. Aparece, más bien, como una invitación suave: "Aquí está el camino de vuelta a casa para cuando lo necesites." En personas con depresión profunda, la tentación de "cruzar" puede estar presente, por lo que este contrato previo resulta esencial para su seguridad. Un caso en Francia ilustra las consecuencias de omitir esta precaución, con un paciente que no regresó, lo cual generó un desastre tanto profesional como personal para el terapeuta involucrado.

Duración y desarrollo de la sesión
Normalmente, una sesión de MDMA dura alrededor de 6 horas, aunque puede extenderse hasta 8 o incluso 10 horas. La duración depende tanto del tipo de sustancia como de la naturaleza del problema, ya sea psicológico o espiritual. Es frecuente que los conflictos emocionales o espirituales más profundos surjan en los últimos momentos de la sesión.

En general, el trabajo terapéutico intenso se concentra en las primeras 6 horas. Sin embargo, si el paciente está lidiando con una confrontación vital en ese tiempo, el terapeuta debe continuar hasta llegar a una resolución. La psique tiende a guiarse sola, sin necesitar instrucciones específicas, y el papel del terapeuta es acompañar y sostener. Cuando el paciente muestra señales de cansancio, esto suele indicar que su mente está cerrando el proceso, momento en el cual el terapeuta debe comenzar a finalizar la sesión.

La MDMA se considera un enteógeno, es decir, facilita el acceso a lo interno, al "yo" profundo. Uno de sus efectos principales es que reduce el miedo ante las sombras internas, lo cual permite una aceptación pacífica de todos los aspectos, incluso los más oscuros, de la propia naturaleza. Esto genera una autoaceptación integral, promoviendo que el paciente abandone patrones defensivos.

El terapeuta debe recordar que los mecanismos defensivos que componen la "sombra" están ahí por una razón, pues sirven como barreras para la autoprotección emocional desde la infancia. La MDMA ayuda a revisar estos patrones sin generar rechazo ni culpa.

Afrontar la sombra y los aspectos reprimidos
El grado de profundización en la sesión depende de la disposición del paciente para enfrentarse a sus sombras y aspectos reprimidos. En esta etapa, el terapeuta suele guiar al paciente a enfrentarse a sus "demonios" o "guardianes de la puerta," según la terminología budista. Lo que se cree que es inaceptable o terrorífico puede generar un miedo sin comparación. Aquí, es importante que el terapeuta le recuerde al paciente que estas sombras no representan la totalidad de su ser, sino solo una parte. Es fundamental realizar una discusión previa sobre la naturaleza de la sombra y por qué el niño interior del paciente desarrolló ciertas barreras emocionales para sobrevivir. Esta conversación preliminar, respaldada por la experiencia y persuasión del terapeuta, proporciona la base necesaria para que el paciente esté dispuesto a realizar la sesión.

La preparación y disposición del terapeuta
El terapeuta debe haber experimentado personalmente la apertura de sus propios aspectos internos y haber trabajado en sus propias sombras con un terapeuta experimentado, pues solo así podrá acompañar y guiar adecuadamente al paciente. Esta experiencia previa del terapeuta es esencial para generar un

ambiente de seguridad y comodidad.

A veces, cuando la psique del paciente anuncia la destrucción de una imagen o una defensa, puede no haber respuesta perceptible a la sustancia, o surgir un estado de nerviosismo que anula otros efectos. Estos bloqueos requieren atención y empatía por parte del terapeuta.

La singularidad del proceso terapéutico con MDMA

A diferencia de otras terapias o técnicas de crecimiento personal, en la terapia con MDMA el terapeuta debe olvidar cualquier preconcepción, pues cada paciente presenta una simbología y estructura emocional únicas. Debe estar preparado para captar estas particularidades con la máxima atención.

Es esencial recordarle al paciente que su psique contiene un elemento "autosanador," a menudo referido como ser superior o guía interno. Reconocer esta presencia puede ayudar al paciente a activar y potenciar sus procesos de sanación.

Además, el terapeuta debe sentir una conexión profunda con el paciente, cercana al amor, un vínculo visceral y sincero que le permita ofrecer una ayuda genuina. Si existen sentimientos de aversión, el terapeuta deberá analizarlos; y en caso de no poder resolverlos, derivar al paciente a otro profesional.

Finalmente, esta conexión debe haberse formado en un contexto de conexión mística, donde el terapeuta haya experimentado la interconexión de todos los seres vivos. Al trabajar con MDMA, el terapeuta ideal es alguien que ha sentido previamente esa unidad con todos los seres vivos, reconociendo que todos compartimos una chispa común de vida.

Conclusión

La terapia asistida con MDMA requiere una preparación y entrega total del terapeuta, quien debe ofrecer compasión y amor hacia el paciente, viendo en él una persona espiritual con una identidad única. Este enfoque posibilita una sanación profunda, llevando al paciente hacia una comprensión más amable y completa de su ser.

CAPÍTULO VI

Optimización moral a través de psicodélicos: ¿una nueva frontera ética?

La idea de mejorar la moralidad humana mediante intervenciones biológicas ha ganado terreno en los últimos años. Desde la educación tradicional hasta los avances en neurociencia, la búsqueda de métodos para fomentar una sociedad más ética y empática se ha convertido en un tema de debate en bioética. Brian D. Earp, en su ensayo sobre la "mejora moral psicodélica", plantea una propuesta audaz: utilizar ciertos psicodélicos bajo condiciones controladas para promover cambios duraderos en el carácter moral de las personas. Estos cambios podrían reducir la violencia, aumentar la cooperación y ayudar a la humanidad a enfrentar grandes desafíos globales, como el cambio climático y la pobreza.

Earp propone que los psicodélicos tienen el potencial de actuar como facilitadores de la introspección moral, estimulando reflexiones profundas y sentimientos de compasión. La idea de que sustancias como la psilocibina, el LSD y el MDMA pueden servir como "catalizadores" morales es especialmente atractiva para quienes sostienen que los métodos tradicionales de educación y socialización no siempre son efectivos. Sin embargo, la aplicación de estas sustancias como mejora moral plantea desafíos éticos, técnicos y sociales significativos.

La mejora moral y sus desafíos

El debate sobre la mejora moral suele dividirse entre propuestas radicales y tradicionales. Por un lado, los enfoques radicales, como la manipulación genética o el uso de neurotecnologías para alterar directamente el cerebro, parecen poco factibles o excesivamente arriesgados en la práctica. Por otro, los métodos tradicionales de educación moral, aunque son socialmente aceptados y probados, a menudo carecen de la eficacia necesaria para producir cambios profundos y sostenidos en las personas.

En este contexto, Earp argumenta que los psicodélicos representan una vía intermedia. Aunque son más radicales que los métodos tradicionales, ofrecen una aproximación más pragmática y alcanzable que otras formas de intervención neurotecnológica. Los psicodélicos, administrados en un entorno seguro y supervisado, podrían ayudar a las personas a conectar con valores profundos y a reflexionar sobre sus acciones y su rol en la sociedad, generando una mejora moral genuina y sostenible.

Psicodélicos como facilitadores
de la introspección moral

Los psicodélicos, como la psilocibina, el LSD y la ayahuasca, tienen la capacidad de inducir estados de conciencia alterados que permiten a los usuarios experimentar un sentido de conexión profunda, empatía y compasión, elementos clave para el desarrollo moral. Estudios han demostrado que estas experiencias, especialmente cuando son guiadas por un terapeuta o se producen en un contexto adecuado, pueden cambiar la perspectiva de una persona sobre la vida y la naturaleza humana.

Según Earp, el "insight" (o revelación) que se experimenta bajo la influencia de psicodélicos puede facilitar la introspección y el análisis personal en un nivel profundo. En este sentido, estas sustancias no "crean" moralidad en el individuo, sino que ofrecen un espacio mental que permite una exploración más profunda de los valores y las creencias personales. Para Earp, el potencial de estos fármacos reside en su capacidad para alterar de manera transitoria pero significativa los patrones de pensamiento, ayudando a las personas a ver el mundo de una forma más abierta y menos centrada en uno mismo.

Implicaciones para la moralidad y la responsabilidad personal

Una de las preocupaciones que plantea el uso de psicodélicos como mejora moral es el riesgo de "cosificar" la moralidad, es decir, de reducirla a algo que pueda obtenerse simplemente a través de un fármaco. Earp enfatiza que los psicodélicos no deberían considerarse una solución rápida o una fórmula mágica, sino una herramienta que facilita un proceso de autodescubrimiento. La responsabilidad moral, en este sentido, recae en la persona que, habiendo tenido una experiencia introspectiva con psicodélicos, es capaz de integrar las lecciones aprendidas en su vida cotidiana y actuar conforme a ellas.

Este proceso de integración es crucial, ya que no basta con tener una experiencia emocional intensa o reveladora. Los psicodélicos deben utilizarse en contextos controlados y con un acompañamiento adecuado para asegurar que el usuario pueda interpretar y aplicar sus revelaciones de manera constructiva. Como señala William Richards, psicólogo de la Universidad Johns Hopkins, estas sustancias deben administrarse con una preparación previa y en un entorno controlado, ya que no pueden considerarse una "cura" para problemas existenciales o morales complejos.

Ejemplos históricos y científicos de mejora moral con psicodélicos

Varios estudios e historias clínicas respaldan la idea de que los psicodélicos pueden desempeñar un papel en el desarrollo moral. Un ejemplo significativo es el uso de MDMA en terapias de pareja en la década de 1980. Antes de ser ilegalizada, esta sustancia era utilizada por terapeutas para facilitar la comunicación y reducir las barreras emocionales entre las parejas. Los terapeutas observaban que las personas, bajo el efecto de MDMA, experimentaban una mayor empatía, compasión y apertura hacia su pareja, elementos esenciales para la reconciliación y el fortalecimiento de los lazos afectivos.

Además, en estudios clínicos recientes sobre el uso de psilocibina, los participantes han reportado cambios duraderos en sus actitudes y comportamientos. Estos cambios incluyen un aumento en la paciencia, el sentido del humor y la flexibilidad mental, así como una mayor sensibilidad hacia las necesidades y emociones de los demás. La ayahuasca, otra sustancia con propiedades psicodélicas, también se utiliza en ceremonias tradicionales y ha mostrado efectos positivos en el autocontrol y la regulación emocional. Estas prácticas sugieren que los psicodélicos, al facilitar estados de reflexión profunda, pueden contribuir al desarrollo de actitudes morales y comportamientos prosociales.

Conclusiones y consideraciones éticas

La idea de utilizar psicodélicos para facilitar la mejora moral sigue siendo una cuestión polémica. Earp concluye que, aunque el potencial de estas sustancias es prometedor, su uso debe hacerse con cautela y siempre en un contexto seguro y controlado. Como cualquier otra intervención en la psique humana, los psicodélicos presentan riesgos, especialmente cuando se utilizan fuera de un entorno terapéutico adecuado. Los efectos secundarios pueden incluir desde "malos viajes" hasta alteraciones emocionales persistentes, y en casos extremos, la exacerbación de problemas psicológicos preexistentes.

Por lo tanto, Earp aboga por una aproximación ética y empírica al estudio de los psicodélicos como posibles herramientas para la mejora moral. Según el autor, es esencial continuar investigando los efectos de estas sustancias y desarrollar pautas claras para su uso en entornos terapéuticos y de autodescubrimiento. En última instancia, el uso de psicodélicos como catalizadores de la mejora moral puede abrir nuevas vías en el campo de la bioética y la psicología, siempre y cuando se mantenga un enfoque responsable y basado en evidencias.

DISCOGRAFÍA RECOMENDADA:

William Orbit – Strange Cargo (1996)
Las fases iniciales van muy bien con este disco de uno de los principales productores del panorama electrónico internacional.

Dzihan & kamien – Smile (1996)
Interesante disco para las fases iniciales. Música electrónica exquisitamente creada.

Dj Cheb i Sabbah – Shri Durga (1999)
Letanías indias remezcladas con gran profundidad en un ambiente psicodélico. En mi opinión el mejor disco para la fase sexual.

DJ Cheb i Sabbah - Krishna Lila (2002)
En la misma línea que el anterior, aunque menos psicodélico y profundo.

Jean Michael Jarre – Waiting for Cousteau (1995)
El ultimo tema del disco que lleva este nombre dura unos 49 minutos, de carácter minimalista e intimista favorece los estados meditativos y la introspección.

Entheogenic – Dialogue of the Speakers - (2005)
Aunque este grupo se cataloga dentro del psy trance su estilo puede entrar dentro del psychedelic chillout. Recomendable muchos de sus temas para fases intermedias.

Otras recomedaciones:
Loop Guru
Omar Faruk Tekbilek
… y cualquier cosa que haga que nuestra alma se eleve

Lista de Spotify:
MDMA, Sex & Tantra

Yoga

BIBLIOGRAFÍA

- Bouso Saiz, José Carlos; *Qué son las drogas de síntesis*, Editorial RBA, Barcelona, 2003.

- Caudevilla Gálligo, *Fernando; Éxtasis (MDMA)*, Ediciones Amargord, Madrid, 2005.

- Calle, Ramiro A.; *Tantra. La vía secreta del amor y la erótica mística*, Editorial Sirio, Málaga, 1986.

- Van Lysebeth, André; *Tantra, el culto de lo Femenino*, Editorial Urano, Barcelona, 1990.

- Varenne, Jean; *El Tantrismo o la sexualidad sagrada*, Editorial Kairós, Barcelona, 1985.

REFERENCIAS

https://pubmed.ncbi.nlm.nih.gov/35031922/

https://www.frontiersin.org/journals/psychiatry/
articles/10.3389/fpsyt.2021.702838/full

https://www.frontiersin.org/journals/psychology/
articles/10.3389/fpsyg.2021.733456/full

https://pmc.ncbi.nlm.nih.gov/articles/PMC7748057/

https://www.zora.uzh.ch/id/eprint/106578/

https://pmc.ncbi.nlm.nih.gov/articles/PMC11237689/

https://pmc.ncbi.nlm.nih.gov/articles/PMC10661745/

https://journals.sagepub.com/doi/
full/10.1177/2050324518767442

https://newatlas.com/health-wellbeing/mdma-assisted-couples-
therapy-ptsd-cbct-pilot-trial-maps/

https://www.gq-magazine.co.uk/article/mdma-therapy-for-
couples

https://ashleyencantada.com/mdma-benefits-couples-therapy-
why-faq/

---

[1] Quisiera aclarar que cuando me refiero al "carácter biológico" del sexo no significa que el acto sexual a su vez no tenga un alto contenido psicológico y emocional.

Para ponerse en contacto con el autor:
rauldelpino@gmail.com
www.psiconautica.org

www.ingramcontent.com/pod-product-compliance
Lightning Source LLC
Chambersburg PA
CBHW050040260726
48658CB00005B/1701